JN438715

네가 있어
내가 있다

네가 있어
내가 있다

윤준호 지음

신아출판사

보석들의 365일

나뭇잎 사이로 햇살이 내려와
아이들과 눈이 마주치는 순간
보석이 되어
함께 어우러져 즐겁게 생활하며
꿈을 꾸는 행복한 학교

미래의 향기 있는 삶을 향하여
훌륭한 선생님들에 의해 더 아름다운 보석으로
변해가는 학교

먼 훗날
자신들이 아름답게 빛나도록
스스로 가꾸어가는 보석들의 365일

님께

드림

여는 글

아침에 교문에서 밝고 활기찬 모습으로 등교하는 아이들과 하이파이브를 하면서 "어서 오세요." "어서 와요." "즐겁게 하루 보내요." 하면서 아침 맞이를 합니다.

한 사람, 한 사람씩 얼굴을 대하면서 늘 생각을 합니다.

'이렇게 예쁜 우리 아이들을 위해서 오늘은 무엇을 해주어야 할까?

무엇을 찾아주어야 할까?

무엇을 마음속에 담게 해줄까?'

선생님들과 아침인사를 하기 위해 교무실과 특별실을 순회하면서

'오늘은 선생님들께 무엇을 도와드려야 할까?'

퇴근을 하는데 한 아이가 "안녕히 가세요." 라고 인사를 합니다.

"오야! 잘 다녀오세요." 그러면 의아한 표정으로 바라봅니다.

다시 "집에 잘 다녀 오라구요." 하면, 그제서야 웃으면서 "네" 합니다.

학생들, 선생님들과 격의 없이 보내는 하루는 즐겁습니다.

교장은 과연 학교에서 어떠한 존재인가?

교장은 선생님들과 어떠한 관계를 유지해야 하는가?

교장은 학생들과 어떻게 생활을 해야 하는가?

교장은 학부모님들과 어떻게 소통을 해야 하는가?

교장은 지역주민들과 어떻게 관계를 형성해야 하는가?

많이 고민도 해보고 외국의 사례도 많이 읽어보았습니다.

교장으로 나가면 이러한 것은 이렇게 한번 해봐야겠다고 생각했던 내용들을 실행해 보았습니다.

교장은 학교에서 어떤 존재인가?

교장이 어떤 마인드를 가지고 하루를 시작하고 마무리하느냐에 따라 학교생활은 많은 변화가 일어납니다.

점심시간에 식사를 하기 위해서 선생님들과 함께 가는데 어느 선생님께서

"교장선생님!

교장선생님과 함께 근무를 하게 되어서 너무나 좋습니다. 학교 아이들을 즐겁게 해주시고 선생님들께 마음 편하게 대해주셔서 고맙습니다.

그리고 수업을 방해하는 학생과 불손한 행동을 하는 학생들을 교장실에서 직접 성찰의 시간을 운영해 주시고 학생지도를 해주셔서 선생님들이 수업하는데 많은 도움이 되고 있습니다.

대통령이 바뀌니까 이렇게 국민 모두 다 신이 나듯이 학교도 마찬가지라 생각합니다. 교장선생님께서 열린 마인드로 생활을 해주셔서 고맙고 선생님들 모두 다 감사하게 생각하고 있습니다." 라고 말씀하십니다.

교장의 존재는 이 외에 더 이상 무슨 말이 필요할까요?

교장은 선생님들과 어떤 관계를 유지해야 하는가?

교장실에서 문을 다 닫아놓고 폐쇄적인 공간 속에서 혼결(혼자 결재)만 하고 있으면 학교가 어떻게 돌아가는지 가늠이 되지가 않습니다.

교무실이 학년별로 있고 특별실이 많이 있는 학교에서는 선생님들의 얼굴을 보기가 그리 쉽지가 않습니다. 결재도 전자결재라서 더더욱 그렇습니다.

행사관계로 상의하기 위해 오시는 선생님 아니면 만나기가 어렵습니다.

이것을 해소하기 위해서 저는 매일 아침에 각 학년별 학급을 순회하면서 교무실과 특별실에 가서 아침인사를 합니다. 그리고 교실과 복도, 화장실 등 시설들을 점검합니다. 처음에는 선생님들께서 감시하는 느낌을 받아 별로 좋게 생각하지 않았지만 시간이 가면서 교장의 의도를 알고 이제는 반갑게 맞이해 줍니다.

차도 마시면서 결재와 협의할 사안이 있으면 찾아가서 해결해 주는 교장!

괜찮지 않은가요?

교장은 교장이라는 직책 하나만으로도 무게감이 있습니다. 모든 것을 내려놓고 낮추어야 합니다.

수직적 조직구조에서 수평적 조직구조로 변환하여 나의 교육이 아닌 우리의 교육으로 학교가 운영되어야 합니다.

수평적 조직구조의 본질은 구성원들을 동등하게 대하는 인간중심 조직문화인 것입니다.

교장은 학생들과 어떻게 생활을 해야 하는가?

저는 매일 아침 교문에서 우리 아이들 아침맞이를 합니다. 얼굴도 익히고, 이름도 외우고, 다친 아이가 있는가? 등을 확인하면서 하이파이브로 반갑게 맞이합니다.

학생들을 예뻐할 때는 한없이 예뻐해야겠지만 규정에 어긋나는 행동을 할 때에는 누구보다도 더 엄격해야 한다고 생각합니다.

반면에 아이들과 대화를 통한 소통을 할 때에는 아이들 속에 들어가 아이들이 무엇을 생각하고 무엇을 원하는가? 파악하고 함께해야 합니다.

저는 우리 아이들에게 '3자' '3불' 을 강조합니다.

'3자' 는 우리 아이들을 자랑스럽게 생각하고 늘 칭찬해 주는 자랑 3가지입니다. 첫째, 인사 잘하는 것. 둘째, 남의 물건 손대지 않는 것. 셋째, 욕하지 않는 것입니다. 그리고 절대로 해서는 안 되는 행위 '3불' 은 첫째, 선생님께 불손한 행위. 둘째, 힘이 있다고 친구나 후배를 괴롭히는 행위. 셋째, 수업시간에 방해하는 행위입니다. 교장이나 선생님들께서 사랑으로 보살펴 주시는 반면에 학생들이 해서는 안 되는 행위를 했을 경우에는 가차 없이 꾸중을 듣는구나? 하는 생각을 할 수 있도록 해주어야 합니다.

그리고 교장은 정직과 책임, 존중과 배려, 공감과 소통에 대한 깊은 성찰의 기회를 아이들에게 풍부하게 제공하여 인성교육의 현장으로 만들어 함께 생활을 해야 합니다.

교장은 학부모님과 어떻게 소통을 해야 하는가?

학부모님과도 항상 소통을 해야 합니다.

소통하는 방법은 여러 가지가 있습니다. 저는 우리 학교 '응답하라 2014' 밴드를 만들어 매일 학생들의 일상과 행사를 사진으로 올려서 누구나 볼 수 있도록 하고, 시험기간 동안 부감독으로 오시는 학부모님과 대화를 하고, 학부모 동아리 활동 시 함께 활동을 하면서 소통을 합니다.

학교에서 일어나는 일들은 부모님들께 조금도 숨기지 않고 사실대로 말씀을 드립니다. 숨기고 거짓으로 말을 하면 거짓이 거짓을 낳아서 부모님들께 믿음을 줄 수 없기 때문입니다.

그리고 건의사항이 있으시면 언제라도 건의를 받아서 해결을 해드립니다.

부모님들도 교장이 아이들한테 작은 일에도 관심과 사랑을 가지고 생활하고 있다는 것을 마음으로 느낄 수 있어야 합니다.

교장은 지역주민들과 어떻게 관계를 형성해야 하는가?

2학년 테마체험학습을 갔는데 전화벨이 울려 받아보니 후문 앞 빌라에 사시는 주민께서 한 아이가 후문을 넘어가다가 넘어졌는데 다치지 않았는지 걱정이 된다고 전화를 주셨습니다.

곧바로 교감선생님께 연락을 해서 확인해 본 결과 넘어지기는 했는데 다치지는 않았다는 연락을 받았습니다.

저는 부임하면서 학교주변 주민들과 원활하게 관계유지를 하기 위해서 가가호호 찾아가서 인사를 드리고, 학년 초와 학기말에 편지를 써서 고맙고 감사하다는 인사를 전해 드리고, 학교에 큰 공사가 있을 시에도 공사 전 · 후에 편지로 알려드리면서 양해를 구하고, 가게에 앉아서 술을 드시고 계시면 술값도 가끔 계산해 드리고 하였습니다.

이렇게 하다 보니 주민들께서 제 전화번호와 학교전화를 알고 계셔 사안이 발생하면 바로 연락을 주시어 학생지도에 많은 도움을 주고 계십니다.

학교생활은 즐겁고 행복해야 합니다.

네 잎 클로버의 꽃말은 '행운' 이고

세 잎 클로버의 꽃말은 '행복' 입니다.

그런데 우리는 행운을 찾기 위해서 행복을 짓밟는 경우가 많이 있습니다.

어떤 하나를 얻기 위해 또는 내가 오르기 위해서 다른 학생을 짓밟아야 하는 학교, 이러한 학교는 즐겁고 행복할 수가 없습니다.

학생과 교사, 교사와 학부모, 학생과 교장, 교사와 교장, 교장과 학부모, 학교와 주민들 모두가 존경과 존중, 관심과 격려, 칭찬과 배려 속에서 즐겁고 행복한 학교가 되어야 합니다

차례

라온제나(즐거운 우리)

라온제나

교장은?

여러분!

제가 누구인가요?

교장선생님이요.

그러면 교장선생님은 무엇을 하는 사람인가요?

학교 짱이요. 학교를 운영하는 사람이요. 학교 책임자요. 결재하는 사람이요. 학교 얼굴이요. 학교 주인이요.

학교 짱은 아니고요. 학교 운영은 선생님들과 함께하는 것이구요. 학교 책임자이면서 결재하는 것은 맞아요. 그런데 학교 얼굴은 아니에요. 학교 얼굴은 여러분들이에요. 여러분들이 얼굴이고 학교의 주인이에요. 알았지요?

나는 이렇게 생각을 해요. 교장선생님은 세 가지 일을 하는 사람입니다.

첫 번째, 여러분들이 교문에 들어서면서부터 어떻게 하면 학교생활을 하면서 즐겁고 신나게 하루를 보낼 수 있도록 해줄까 고민하는 사람입니다.

두 번째, 우리 학교 각 교과별 선생님들께서 여러분들에게 어떻게 하면 즐겁고 재미있게 수업을 할 수 있도록 해드릴 것인가 지원해주는 역할을 하는 사람입니다.

세 번째, 여러분이 좋은 시설, 쾌적한 환경에서 학교생활을 할 수 있도록 해주는 사람입니다. 각 교실 문고리에서부터 화장실, 복도, 식생활관, 특별실 등 학교시설 전반에 걸쳐 여러분들이 다치지 않도록 점검하는 사람입니다.

이렇게 설명을 하면 우리 아이들은 밝은 눈으로 바라보면서 아! 그렇구나 고개를 끄덕입니다.

이 내용은 제가 우리학교 24학급 전체를 각 학급별로 학교운영에 대하여 설명하고, 학교폭력 및 인성인권교육을 위해 특강을 시작하기 전에 우리 학생들에게 던진 질문에 학생들과 제가 대화한 내용입니다.

교장, 관리자란 어떤 일을 해야 하는가? 초중등교육법에 명시되어 있는 내용을 알아보면

제20조(교직원의 임무) 1항 교장은 교무를 통할하고, 소속교직원을 지도·감독하며, 학생을 교육한다.

교무 통할이란 교무 관리로서 학교교육계획 수립, 지도, 집행

및 학습지도활동을 중심으로 하는 직무활동과 학교의 시설, 설비, 교재, 교구에 관계되는 직무 등을 뜻하는 것이며, 지도 · 감독이란 소속 교직원들의 직무와 인사, 승진에 대한 신분과 위임 사무를 뜻하는 것입니다.

교장의 역할은 무엇이고 권한은 무엇인가?

학교에서 교장에게 학교 경영권을 확실하게 부여하고 교육과정 및 평가와 교원인사에 대한 권한을 주어야 한다고 하는 교장들이 있으나 꼭 그렇게 권한을 가져야 만이 교장으로서 역할을 다한다고 저는 생각하지는 않습니다.

이제는 중앙집권적인 학교경영방식에서 자율경영방식으로

전환하여야 합니다. 자율경영방식이란 즉 수직적 조직구조에서 수평적 조직구조로 변환하여 나의 교육이 아닌 우리의 교육을 말하는 것입니다. 수평적 조직구조의 본질은 구성원들을 동등하게 대하는 인간중심 조직문화인 것입니다.

이렇게 인간중심 조직문화를 만들어 가기 위해서는 학생들이 즐겁게 가고 싶은 학교가 되고, 선생님께서 마음 편하게 자기의 역량을 최대한 발휘하여 교육활동을 즐겁게 할 수 있도록 지원해 주면서 각 부서별로 업무나 행사는 협의를 통해서 서로 의견을 수렴하고 토론하여 실시하는 것입니다. 그리고 학교시설 곳곳을 매일매일 살펴서 학교구성원들 모두가 안전사고가 나지 않도록 쾌적하게 만들어 주는 것입니다.

3류 리더는 자기의 능력을 이용하고,

2류 리더는 타인의 능력을 이용하고,

1류 리더는 타인의 지혜를 이용한다고 합니다.

바로 이게 관리자 교장의 역할이 아닌가 생각합니다.

학교란?

여러분!

학교에 무엇 하러 오는가요?

공부하러요. 친구 만나기 위해서요. 놀기 위해서요.

그래요. 또 없을까요?

밥 먹으러요.

모두 다 하하하 웃습니다.

참고로 말씀드리면 우리 학교 점심식사는 아주 맛이 있습니다. 그래서 아침에 등교하면 식생활관에 와서 메뉴를 보고 가든가 아니면 아예 팔목에 한 달 메뉴를 적어서 가지고 다닌다든가, 책상 위에다 메뉴판을 붙여 놓고 보면서 하루를 시작하는 학생들이 많이 있습니다.

그래요 맞아요. 근데 선생님은 이렇게 생각합니다.

학교란 공부만 하기 위해서 오는 곳이 아닙니다.

공부를 해 지식을 쌓아서 마음이 넓은 사람이 되기 위해서 오고, 책을 많이 읽어 자기 미래의 방향을 찾기 위해서도 오고, 친구를 만나서 대화를 하면서 대인관계를 형성하여 여러 사람하고 소통할 줄 알기 위해서도 오고, 운동장에 나가서 뛰어놀면서 심신을 단련하기 위해서도 오고, 학생회 임원 및 동아리활동 팀장, 모둠별 협력학습 조장을 하면서 리더쉽을 배우기 위해서도 오고, 자기 특기와 적성을 찾아서 계발하기 위해서도 오고, 선생님과 그리고 선배와 후배간의 존경과 존중을 배우기 위해서도 오는 곳이 학교입니다.

대부분의 학생들은 학교란 공부만 하기 위해서 오는 것으로 알고 있습니다. 지금까지 정책적으로 공부에만 집중시키고, 평가를 해서 서열로 줄을 세우고, 공부를 잘하는 학생은 잘못을 해도 용서가 되고, 공부를 못하는 학생은 잘못을 하면 용서가 안 되는 사회가 바로 우리 사회였습니다. 그러니 학생들도 당연히 학교라는 곳은 공부만 하는 것으로 알고 있습니다. 이렇게 생각을 하고 있는 우리 아이들의 사고를 바꾸어 주는 역할을 학교에서 학교장과 선생님들께서 해야 한다고 생각합니다.

배움

1981년 3월 10일자로 초임지인 고창아산중학교에 발령을 받아 2013년 2월 28일까지 근무한 정읍교육지원청까지 33년간 교장선생님과 교육장님, 교육감님 등 저와 연관이 닿아서 근무를 했던 관리자 분들을 손꼽아보니 스물한 분이셨습니다.

많은 분들과 함께 생활하면서 배워 온 몇 가지를 소개할까 합니다. 그리고 발령을 받기 전에 이 배움을 교장으로 발령을 받아 가면 꼭 해봐야겠다고 마음을 다졌던 것을 군산진포중학교에서 근무하면서 실행에 옮겨 보았습니다.

첫 번째는 대화를 통한 소통입니다.

발로 문을 차면서 씩씩거리고 들어오는 민원인이 면담을 하고 나올 때에는 웃으면서 나오는 것을 보았습니다.

그래서 제가 여쭤보았습니다. “어떻게 하시면 그렇게 모두

다 웃고 나오는지 비결을 좀 알려주시지요."

"간단해요"

"네?"

"민원인의 화가 가라앉을 때까지 모두 경청해주고 그 현장에서 '된다,' '안된다,' 결정을 하지 말고 업무담당자를 불러 민원인 앞에서 이분께서 원하시는 것에 대해서 규정을 찾아보고 다해드리라고 하면서 최선을 다해 성의를 보여주고 이해를 할 수 있도록 하는 거예요."

정답이었고, 옳은 말씀이었습니다. 듣는 분은 다 들어드리라고 하니 기분이 좋을 수 밖에요.

선생님, 학생, 학부모님, 주민 모든 분들과 대화를 할 때에 다 해당되는 말이 아닐까 합니다.

대화와 소통(Communicate)은 함께(com) 나누는(municate)것입니다.

타인의 말을 듣지 않고 자신의 생각만 말하는 것은 대화와 소통이 아닙니다. 소통은 대화가 이루어져야 소통이 되는 것입니다. 대화는 쌍방입니다.

두 번째는 배려와 포용입니다.

배려는 마음속에서 진심으로 일어나는 생각을 상대방에게 행동으로 실천하는 것입니다.

배려(配慮)는 '짝 배', '생각 려'를 합친 단어로 배려하는 마음속에는 상대방을 향한 고운 마음이 샘물처럼 흐른다는 뜻입니다. 즉 상대방의 마음을 읽어 그에 맞게 행동이 이어지도록 해주는 아름다운 마음이라 생각합니다.

항상 역지사지(易地思之)란 말을 몸소 실천하면서 상대방의 기분이 나쁘지 않게 너그럽게 감싸주고, 믿어주고, 수용하는 태도를 보여주면서 늘 상대방의 입장에서 생각해 주시는 것을 배웠습니다.

세 번째는 낮춤과 내려놓음입니다.

수직과 수평, 위와 아래, 앞과 뒤, 옆과 옆, 여러분들은 여기에서 어떠한 것을 선택하겠습니까?

나 자신을 낮추고 내려놓아도 교장이라는 직책 하나만으로도 선생님들께서는 무게감을 느낄 수가 있습니다.

말로만 다 내려놓았다고 하면서 실제로 계획을 세워 결재를 받다 보면 다 무시하고 자신의 생각만 주문하는 관리자가 있습니다.

직위를 떠나 진솔하게 수평적인 관계에서 아침에 출근해 늘 선생님들이 계시는 교무실에 들러 인사를 하고 차 한 잔 나누면서 하루일과를 협의하고 도와 줄 것이 무엇인지 먼저 찾아주고 마음 편하게 수업과 업무를 처리할 수 있도록 해 주시는 것을 배웠습니다.

네 번째는 기다림입니다.

무작정 기다리는 것은 아닙니다.

어떠한 업무를 주고 곧바로 완결되었는지 확인하는 리더가 있습니다. 그것은 리더로서 좋은 습관은 아니라고 생각을 합니다. 선생님들은 업무에 따라 할 일을 계획하고 실천하기 위해서는 창의적인 구상이 필요합니다. 이 창의적인 구상을 통하여 계획이 수립되어야 실행으로 움직일 수 있는 것입니다.

또한 학생들도 마찬가지입니다. 잘못된 것이 있으면 스스로 무엇이 잘못 되고 이게 옳은 것이었는지 그른 것이었는지 스스로 판단하고 알아야 합니다. 그것을 느끼고 그 느낌이 머리에서 가슴으로 전해져 반성을 할 수 있는 시간이 필요한 것입니다.

이렇게 제가 모셨던 분들의 좋은 점 네 가지를 항상 염두에 두고 자율경영을 하였습니다. 이런 가르침을 주신 교육계 선배님들께 진심으로 감사를 드립니다

교장이 수업을?

2014년 12월쯤에 이재정 경기도 교육감이 교장·교감이 수업에 참여할 수 있도록 하겠다고 하면서 교장·교감이 수업을 해야 하느냐? 아니면 하지 않아야 하느냐? 를 놓고 찬성과 반대로 많은 논란이 있었습니다.

수업을 해야 한다는 찬성 측에서는 "교장·교감이 수업에 참여를 하면 수업기피 교직문화가 바뀌고, 승진경쟁이 해소가 되며 학생들과 소통을 잘 할 수 있을 뿐만 아니라 교실현장의 생생함을 학교행정에 담아내는데 중요한 역할을 할 수 있다."고 강조하였습니다.

반면에 반대하는 측에서는 "학교장은 학교와 지역사회 발전을 위해 수업참여보다는 연구에 주력해야 한다는 입장과 학생·학부모·교사와의 소통 및 학교경영이 수업참여보다는 중요하다."고 강조를 하였습니다.

그리고 찬성 측에서는 "수업이 흔들리면 학교가 흔들린다. 리더가 중요한 일을 앞장서 실천하는 사람이기 때문에 교장이 솔선수범하여 실천해야 할 때"라고 하는 반면 반대 측에서는 "학생과의 소통이 그토록 소중한 가치라면 교육감과 장학직이 먼저 학교를 순회하면서 시범을 보여야 한다."라고 양측은 설명을 하였습니다.

저는 양측 의견 모두 어느 일부분은 옳다고 보면서 이렇게 접근을 하고 싶습니다.

지속적으로 일주일 시수를 정하여 수업을 하는 것에 대해서는 반대를 하면서 정해진 수업시수보다는 꼭 필요한 특강을 했으면 합니다.

왜냐하면 학교장은 우리가 생각하는 것보다 출장과 연수가 많이 있습니다. 수업시수를 정해서 실시하면 부작용이 우려되어서입니다.

학교폭력예방교육 및 인성인권교육 등을 통해 학생들과 소통하고 학교운영에 대한 필요한 내용을 브리핑하여 숙지할 수 있도록 해야 합니다. 이러한 차원에서 필요한 특강에 들어가야 한다고 생각을 합니다.

저는 1학기와 2학기 초에 각 학급별로 계획을 수립하여 학교폭력예방과 인성인권교육을 24학급 48시간 특강을 합니다. 이때 교육은 꼭 학급별로 실시를 해야 합니다.

학년별 전체 인원이 270여명이다 보니 인원수가 많아 강당에서 해야 하기 때문에 우리 아이들에게 제대로 된 특강이 이루어지지 않습니다. 각 학급별 특강을 하다보면 아이들 얼굴도 익히고, 이름도 익히고, 아이들 개성도 알아보고, 학급별 수업분위기도 파악할 수 있어 우리 선생님들께서 얼마나 애쓰시는 가를 알아볼 수 있는 꼭 필요한 시간이기도 합니다.

아이들이 꽃보다 아름답다

교장이 어떤 마인드를 가지고 학교생활을 하느냐에 따라 많은 변화가 있으리라 생각합니다.

저는 우선 우리 학생들을 존중하는 마음을 가지고 꽃보다 아름답다는 생각으로 하루를 시작합니다.

매일 아침이면 교문에서 우리 아이들과 하이파이브를 하면서 “어서 오세요.” “즐거운 하루 보내요.” 하면서 아침 맞이를 합니다.

교문에서 매일 아이들의 얼굴을 보면서 얼굴을 익히고, 명찰의 이름을 기억하고, 누가 다쳤는지 아픈지를 파악하고, 빨리 나으라고 격려해 주는 일이 40분 동안의 아침 맞이입니다.

교문에 들어서면서 즐겁고 기분이 좋은 마음으로 들어와야 아이들도 하루가 즐거운 것입니다. 즐겁지 못한 마음으로 학교에 오면 옆에서 조금만 건드려도 신경질을 내고 곧바로 다툼으로 이어질 수 있습니다.

아침에 등교하는 아이들을 보면 반갑고 얼마나 예쁜지 모릅니다. 예쁘게 보면 한 없이 예뻐 보이고, 미웁게 보면 한 없이 미워 보이는 게 우리 인간의 심리입니다.

사진콘테스트에서 입상한 사진

아침에 등교하면서 활짝 웃으면서 활기차게 인사하는 모습을 보면 저절로 힘이 납니다, 그러나 지난밤에 인터넷을 했는지, 카톡을 했는지 힘없이 오는 아이들을 보면 저도 기운이 나지 않습니다.

사랑한다고 하트 모양을 하면 바로 답이 오고, 소통하기 위해 대화를 시도하면 자기들을 좋아하는지 알고 바로 대화에 응하고, 아이들 속에 들어가 대화를 하다보면 곧바로 조잘조잘 여러 이야기들을 풀어놓기 시작합니다. 이래서 사람이 꽃보다 아름답다는 것입니다.

내가 먼저 찾아가고, 내가 먼저 인사

하루의 시작은 교장이 어떻게 하느냐에 따라 선생님과 아이들의 분위기가 달라집니다.

소규모 학교는 교무실 한군데만 가면 모든 선생님들을 만날 수 가 있습니다.

그러나 조금 크다고 하는 학교는 학년별 교무실과 특별실이 있습니다. 우리 학교만 하더라도 본교무실과 1학년, 2학년, 3학년 교무실과 정보실, 교육복지실, 보건실, 상담실, 체육실, 학교안전교육부실, 인성인권부실, 식생활관이 있습니다.

저는 아침에 교문에서 아이들을 08시~08시40분까지 맞이하고 각 교무실과 특별실을 돌면서 선생님들께 인사를 하고, 식생활관에 가서 우리 아이들에게 맛있는 음식을 만들어 주시라고 인사를 하고 돌아옵니다.

처음에는 선생님들께 감시하는 것 아니냐는 오해를 받았지만 좀 지나면서 이해를 하셨습니다. 교무실에 가서 결재해드릴 것 있으면 해드리고, 협의할 것 있으면 해드립니다.

한번은 2학년 교무실에 가니까 불이 다 꺼져있고 선생님들께서 안 계셔서 깜짝 놀라 문을 열고 들어 가보니 저를 놀려주려고 제가 올 때까지 10여분을 그렇게 기다리고 계셨다고 합니다. 그래서 그날은 모두 다 웃음으로 하루를 시작하였습니다.

내가 먼저 찾아가고, 내가 먼저 인사하는 습관 행동이 하루의 시작을 즐거움으로 문을 열어 줍니다.

우산

이슬비 내리는 이른 아침에
우산 셋이 나란히 걸어갑니다.
파란 우산, 깜장 우산, 찢어진 우산.
좁다란 학교 길에 우산 세 개가
이마를 마주대고 걸어갑니다.

한 학년이 끝나면 각 교실에 우리 아이들이 버리고 간 우산을 모아서 펼쳐보고 사용할 만한 우산을 손을 봐서 50여개를 교장실에 비치해 두었습니다.

우산 기록 장부를 만들어 놓고 빌려 간 다음 제자리에 갖다 놓아 다음에 사용할 수 있도록 하였습니다.

예고 없이 비가 내릴 때면 학부모님들이 승용차와 우산을 가지고 와서 데리고 가지만 그렇지 못한 아이들은 난감한 경우가

많이 있습니다.

우리 아이들이 교장실에 스스럼없이 와서 자율적으로 장부에 기재하고 사용하고 나서 반납을 합니다.

이러한 것이 인성교육의 첫 걸음이 아닐까 생각합니다.

학교종이 땡! 땡! 땡!

학교종이 땡! 땡! 땡! 어서 모이자.

선생님이 우리를 기다리신다.

학교종이 땡! 땡! 땡! 어서 모이자.

사이좋게 오늘도 공부 잘하자.

김메리 작사, 작곡 학교종!

우리가 초등학교에 다니면서 수없이 많이 불렀던 노래입니다. 그 시절에는 교무실 옆에 종을 달아 놓고 종을 쳐서 수업시종을 알려주었습니다.

우스개 이야기로 초등학교에 다니는 아들을 찾으러 오신 어머니께서 교문에 들어서면서 큰아들 이름을 "종철아! 종철아!" 부르니까 교무실에서 졸고 있던 사환이 종을 쳤는데 종철이가 나오지 않으니까 둘째아들인 또철이를 "또철아! 또철아!" 부르

니 사환은 또 종을 치라고 한 줄 알고 또 종을 쳤다는 우스개 이야기가 있습니다.

1970년대 초반까지만 해도 모든 학교의 시종을 알리는 것은 종을 쳐서 알려주었고. 시간이 흐르면서 전자기기의 발전으로 차임벨을 도입하여 알려주었습니다. 몇 십 년이 흐른 지금도 그대로 유지되어 모든 학교에서 시간을 입력시켜 사용하고 있습니다.

나는 어떻게 하면 우리 아이들이 즐거운 마음으로 수업을 시작하고 끝나게 해줄까 생각 중에 요즈음 학생들이 좋아하는 아이돌 노래로 바꾸어 시종을 알려주면 좋겠다는 생각으로 담당 선생님과 상의를 하여 기계를 새로 구입하여 시종음악을 바꾸었습니다.

1. pick me pick me
pick me pick me pick me up
pick me pick me pick me up

2. 봄바람 휘날리며 흩날리는 벚꽃 잎이
울려 퍼질 이 거리를(UhUh) 둘이 걸어요.

1번은 아이오아이의 'pick me up'(나야 나) 노래이고 2번은 버스커 버스커의 '벚꽃 엔딩' 입니다.

이렇게 시종알림을 바꾸어 놓으니 어깨가 들썩들썩 얼마나 좋아하는지 선생님들의 말씀을 들어보면 알 수가 있습니다.

노래가 나오는 그 시간의 여운이 길어져 선생님들께서 수업 분위기를 유도하는데 힘이 든다고 모두 말씀을 하셨습니다. 그러면서 선생님들도 우리가 좋아하는 트로트로 해 달라고 해서 함께 웃었습니다. 시간이 조금씩 흐르면서 적응이 돼 지금은 아주 잘하고 있습니다.

1개월에 한 번씩 음악을 바꾸어 주기 위해서 다운을 받아야 하는데 시종음악 다운은 저작권 침해문제가 있기 때문에 침해되지 않도록 주의를 해야 합니다. 예를 들자면 음악을 다운하는 사이트가 있습니다.

멜♡ MP3 150플러스 사이트에서 한번 다운받는데 35,750원을 결재하고 다운을 받아 사용하면 됩니다.

고사기간 동안 부감독으로 오신 학부모님들께서 대기하고 계시다가 느닷없이 아이돌 노래가 나오니까 놀라셔서 "이게 무슨 노래인가" 물으셔서 제가 "우리 아이들을 위해서 아이들이 좋아하는 음악으로 시종시간을 바꾸었다"고 말씀드리니 모두 다 "참! 좋다"고 말씀들을 하십니다.

그리고 학교 주변을 순회하면서 주민 분들을 뵙고 인사를 드리면 새롭게 선보인 시종소리를 들으면서 노래가 매 시간마다 다르기 때문에 "아! 지금 몇시 쯤 되었구나." 알 수 있어서 좋다고 하십니다.

1,280km

저는 하루에 두 번 각 교실과 교무실을 돌아봅니다.

먼저 아침에는 각 교실을 돌면서 안전사고에 위험이 없는지 확인하기 위해 순회를 합니다.

유리창이 깨져 있지 않은가!

문고리가 이상이 없는가!

화장실이 쾌적하게 깨끗하고 이상이 없는가!

식생활관에 가서 도와 드릴 것이 없는가! 등

그리고 학교밴드에 올리기 위해 아이들의 사진을 찍으러 다닙니다.

이렇게 1관과 2관, 3관을 차례로 돌다 보면 25분에서 30분 정도가 소요됩니다.

두 번째 순회는 점심시간에 이루어집니다.

우리 선생님들께서 점심시간만이라도 아이들에게 신경을

덜 쓰고 마음 편히 휴식을 취하면서 수업준비를 하실 수 있도록 하기 위함입니다.

혹시나 아파서 교실에 엎드려 있는 아이가 있는지!

점심식사를 하지 않고 있는 아이들이 있는지!

화장실에서 담배를 피우는 학생이 있는지!

말다툼이나 싸우는 학생이 있는지!

그리고 아이들 속으로 들어가 함께 대화하기 위해서 등 아침과 마찬가지로 사진을 찍어서 밴드에 올려주기 위해서입니다. 아이들을 살피면서 생활지도도 하고 밴드에 올려 학부모님들께서 아이들의 학교생활을 볼 수 있도록 하기 위함입니다.

이렇게 아침과 점심시간에 순회하는 거리를 측정을 해보니 하루에 2km정도를 걸어 다녀 제 건강에도 도움이 되었습니다.

1년 160일을 기준으로 약 320Km 제가 근무한 4년 동안 계산을 해보니 약1,280Km로 전주를 왕복으로 14번 걸어 다닌 거리였습니다.

학생 · 학부모와 소통의 매개체

우리가 학교에서 학생 · 학부모님과 소통할 수 있는 매개체는 수 없이 많이 있습니다. 그러나 이러한 매개체를 언제 어디서 어떻게 누구에게 활용하느냐가 중요하다고 봅니다.

학교에서 학생과 학부모와 소통을 하는 데는 페이스북, 카카오톡, 카카오스토리, 학교홈페이지, 가정통신문, 밴드 등이 있습니다.

페이스북은 우리 아이들과 가장 근접하게 소통할 수 있는 SNS라고 봅니다. 페이스북에 친구가 되어 들어가 보면 우리 아이들의 사진이나 아이들끼리 대화하는 게 눈에 많이 들어옵니다. 또한 그 대화 속 문장을 보면 건전한 대화도 있고 소위 일상화된 욕을 많이 사용합니다. 그러면 저는 댓글에 "예쁜 얼굴로 예쁜 입으로 예쁜 말을 하면 얼마나 더 예쁠까요?" 라고 댓글을 달면 곧바로 글을 삭제하고 "죄송합니다."로 응답을 합니다. 이러니 우리 아이들이 예쁘지 않을 수 있을까요?

카카오톡과 카카오스토리에서도 학생들과 학부모님들을 만날 수 있지만 그리 많지는 않은 것 같습니다.

학교 홈페이지도 가장 많이 접할 것 같은데 그렇지 않습니다. 생각보다 많이 학부모님들이 들어오지 않습니다.

가정통신문은 우리 아이들이 각 가정까지 가지고 가서 부모님께 전달해주는 확률은 60%정도로 가장 많은 소통방법입니다. 그러나 나머지는 곧바로 비행기를 만들어서 날려버리는 경우가 허다하지요.

그러면 밴드는 어떨까요?

가장 빨리 그리고 생동감 있게 소통할 수 있는 매개체가 밴드가 아닐까 생각합니다.

그래서 저는 2014년 학교장으로 부임을 하면서 "응답하라 2014 진포중학교"라는 밴드를 개설하여 학생 및 학부모님들과 소통을 하고 있습니다.

하루하루 매일 학교행사나 학교일상을 사진과 함께 탑재해 놓으면 우리 학교 학생 780명 중 300여명이 넘는 학부모님께서 밴드에 들어오셔서 우리 아들과 딸들이 나왔는지 확인도 하고 일상과 행사를 보십니다.

그래서 저는 많은 교장선생님들께 밴드 활용을 권장하고 싶습니다. 그러나 주의해야 할 것은 밴드 활용은 교장선생님께서 직접 운영을 해야 합니다.

왜냐하면 선생님들께 맡기면 하나의 업무가 되어서 그렇지 않아도 업무가 많아 수업준비 시간이 부족한데 일이 하나 더 생기기 때문입니다.

一切唯心造일체유심조

一切唯心造(일체유심조)

'모든 것은 마음먹기에 달려있다.' 라는 글을 졸업생 252명 모두에게 꿈과 하고 싶은 일을 적어서 주었습니다.

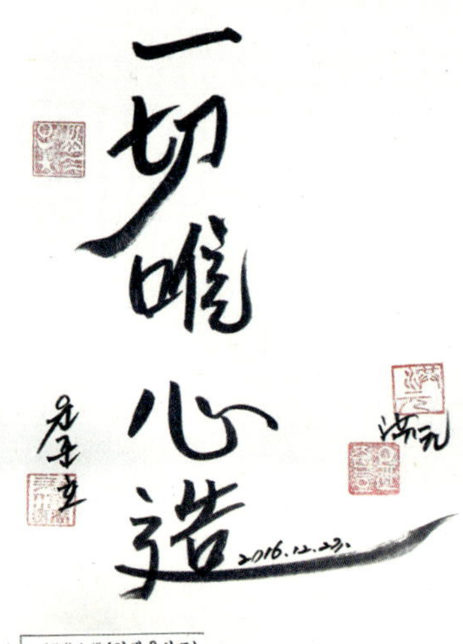

책상 위에 놓아두고 늘 보면서 10년 후에 여러분들 자신의 위치를 확인해 보라고 하였습니다.

우리 아이들이 이렇게 기뻐하고 좋아하네요. 물론 저도 기분이 너무 좋았습니다.

주민과 소통하기

진포중학교에 부임하면서 학교 주변 주민들을 가가호호 직접 찾아뵙고 인사를 드리면서 우리 아이들이 학생으로서의 신분을 넘는 행동을 하면 꾸중도 해주시고 직접 저한테 전화를 주시라고 명함을 모두 드렸습니다.

그리고 학년 시작과 학년 말에 1번씩, 학교 공사가 있을 때는 공사 시작 전과 끝나고 나서 안부 편지를 드리고 학교 사정을 안내해 드렸습니다.

그래서 이제는 학교 주변의 주민들은 저의 전화번호를 전부 알고 계셔서 생활지도에 많은 도움을 주시고 계십니다.

우리 아이들이 담배를 피운다거나, 싸우고 있다거나, 맞고 있다거나 하면 곧바로 저한테 전화가 와서 신속하게 대처하여 학교폭력의 예방이 되고 있습니다.

담배를 피우고 있다는 연락을 받으면 확인을 하고 꽁초가 널

브러져 있으면 선생님과 함께 해당 아이들을 데리고 가서 청소를 말끔히 해주고 옵니다.

또한 학교 앞 가게를 지나가면서 어르신들께서 약주나 음료수를 드시고 계시면 제가 계산해 드리면서 우리 아이들을 지도하는데 큰 도움을 주셔서 항상 고맙고 감사하다고 말씀을 드립니다.

대화와 소통은 기다려서 오는 것이 아닙니다. 나 스스로가 찾아가서 만나야 대화가 되고 대화가 되어야 소통이 이루어집니다.

지역주민분들과 어르신들께 고맙고 감사하다고 먼저 말씀드리면 모두 다 좋아하십니다.

아침 맞이할 때와 학교 주변을 순회하면서 동네주민들을 만나면 인사를 드립니다. 이러한 것은 우리 아이들에게 본보기이며 산교육이라고 생각합니다.

<u>존경하는 진포중학교 주변 주민여러분께 감히 지면으로 인사드립니다.</u>

제가 2014년 03월 01일부로 진포중학교에 부임해 온 지가 엊그제 같은데 벌써 2년 6개월이 되어가고 있습니다.
직접 찾아뵙고 인사를 드려야 함에도 불구하고 이렇게 지면으로 인사를 드리게 됨을 용서해 주시기 바랍니다.

존경하는 주민여러분!
다름이 아니오라 주민 여러분들께 죄송한 말씀을 드려야 할 것 같습니다.
교직원 및 학생들 800여명이 점심식사하기에는 너무나 협소하여 <u>7월7(목)일부터 9월21일까지 우리학교 식생활관(급식실) 증축을 하게 되었습니다.</u>
식생활관 공사로 인하여 교통, 소음 등 불편함이 많이 따르리라 생각됩니다.
교육지원청과 학교에서는 불편함을 최소화 하면서 빠른 시간 내에 증축 공사를 마무리를 하려고 합니다.
이 기간 동안 자라나는 우리아이들이 좋고 쾌적한 환경에서 급식을 할 수 있도록 양해해주시면 감사하겠습니다.
그리고 우리진포중학교는 주민과 함께하기 위해 예의와 배려, 소통과 대화, 칭찬과 꾸중을 통하여 웃어른을 공경하고 예의를 차릴 줄 아는 학생으로 성장할 수 있도록 교육을 하고 있습니다. 우리 학생들이 잘할 때는 칭찬도 해주시고, 학생신분을 벗어날 때는 여러분들께서 꾸중도 해주시고, 말을 듣지 않을 시에는 저에게 직접 연락을 주시면 제가 직접 찾아뵙겠습니다.

끝으로 각 가정의 행운과 행복이 항상 같이 하시기를 기원 드리겠습니다.
감사합니다.

2016년 7월 7일
군산진포중학교장 윤준호 드림

※ 진포중학교 교무실전화 462-3206
행정실전화 462-3205
교장실전화 472-1700
교장 윤준호 휴대폰 010-3654-5407

존경하는 진포중학교 주변 주민 여러분께 드립니다.

맑고 푸른 하늘이 어느 때 보다 감사하게 느껴지는 날들입니다.
학교주변 가정의 감과 대추가 무르익어가며 여러분들의 마음과 같이 풍성하게 만들고 있습니다.

진포중학교 식생활관(급식실) 증축으로 인하여 그 동안 공사차량과 공사소음으로 많이 불편하셨으리라 생각합니다. 주민여러분들의 깊은 배려로 공사를 무사히 마치고 급식을 하게 되어 진포중학교 구성원 모두의 마음을 담아 진심으로 감사의 인사를 드립니다.

이제 우리아이들이 시간에 쫓기지 않고 점심식사를 하고 충분한 휴식시간을 통하여 정신과 마음이 튼튼해질 것 입니다. 진포중학교 교직원 모두는 우리 아이들이 건강하고 인성이 바른 학생으로 성장할 수 있도록 하여 주민여러분들에게 보답을 하겠습니다.

우리아이들이 학생으로서 잘못 된 행동을 할 경우에는 꾸짖어 주시고 저한테 직접 전화를 주시면 바른길로 갈 수 있도록 하겠습니다.
다시 한번 주민여러분들께 감사를 드리면서 가정의 행복과 행운이 항상 함께 하시기 바랍니다.

<u>교장실전화 472-1700, 휴대폰 010-3654-5407.</u>

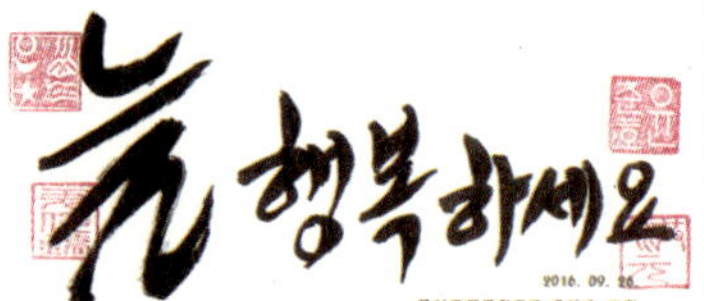

2016. 09. 26
군산진포중학교장 윤준호 드림

존경하는 진포중학교 주변 주민 여러분께 드립니다.

따뜻한 난로가 그리워지는 계절입니다.
자연의 섭리를 이기지 못하고 사계절의 마지막인 겨울로 접어들었습니다.
요즈음 독감이 심하게 괴롭히고 있는데 주민여러분들께서는 어떠신지요?

2016년 시작이 엊그제 같은데 12월 달력 한 장만이 벽에서 저를 바라보고 있습니다. 1년 동안 우리 학생들을 바라보시면서 학생신분을 벗어난 행동들이 많이 있었을 거라고 생각합니다. 우리아이들이 담배를 피우고 있다든가, 싸우고 있다든가, 학생으로서 해서는 안 되는 행동을 할 경우에는 꾸짖어 주시고, 학교전화나 저한테 직접 전화를 주시면 바른길로 갈 수 있도록 지도하여 건강하고 인성이 바른 학생으로 성장할 수 있도록 하여 주민여러분들에게 보답을 하겠습니다.

주민과 학교는 늘 함께 해야 하는 공동체입니다.
앞으로도 주민여러분들과 함께 가는 진포중학교가 되도록 최선을 다 하겠습니다.
주민여러분들께 감사의 마음으로 정(情)을 드리면서 내년 2017년도에도 가정의 사랑과 행복이 늘 함께하시기를 기원 드리겠습니다.

<u>교무실 472-1701, 교장실전화 472-1700, 휴대폰 010-3654-5407.</u>

2016. 12. 28.
군산진포중학교장 윤준호 드림

존경하는 진포중학교 주변 주민 여러분께 드립니다.

2017년 시작이 엊그제 같은데 벌써 3월에 접어들어 학교교정에 나무들이 봄을 알리려고 꽃망울을 맺고 있습니다.
우리진포중학교는 이번 새학기에 1학년 9학급, 2학년 8학급, 3학년 7학급으로 2016년도보다 2학급이 늘어난 총24학급 775명과 교직원 65명 등 총840명이 생활하게 되었습니다. 존경하는 주민여러분들의 관심과 도움으로 아이들의 인성과 쾌적한 환경을 만들기 위해 노력을 하고 있습니다.
우리학교 자랑인 첫째, 먼저 [illegible] 것, 둘째, 남의 물건 손대지 않는 것, 셋째, 욕하지 않는 것과 절대로 해서는 안 되는 행위 첫째, 선생님께 불손한 행위, 둘째, 같이 [illegible] 힘없는 친구 괴롭히는 행위, 셋째, 수업시간에 수업방해 하는 행위 등을 강력하게 인성교육 시키고 있습니다.
그리고 쾌적한 환경을 만들기 위해 지금까지 1관과 2관 복도와 교실 리모델링, 식생활관 증축, 학교내 태양광 가로등 설치 등으로 환경개선을 하였고, 2017년도에는 [illegible] 교체, 교실세면 및 LED교체, 운동장 배수로 정비, [illegible] 교체, 1관 1,2,3층 화장실 [illegible] 교체, 방송시설 교체 등 많은 현안사업을 개선하려고 합니다.
존경하는 주민여러분!
우리 학생들을 바라보시면서 학생신분을 벗어난 행동들이 많이 있을 거라고 생각합니다. 우리아이들이 담배를 피우고 있다든가, 싸우고 있다든가, 학생으로서 해서는 안 되는 행동을 할 경우에는 꾸짖어 주시고, 학교전화나 저한테 직접 전화를 주시면 바른길로 갈 수 있도록 지도하여 건강하고 인성이 바른 학생으로 성장할 수 있도록 하여 주민여러분들에게 신뢰가 가는 진포중학교가 되기 위해 최선을 다하겠습니다.

2017년도에도 여러분 가정의 사랑과 행복이 늘 함께하시기를 기원 드리겠습니다.
<u>교무실 472-1701, 교장실전화 472-1700, 휴대폰 010-3654-5407.</u>

2017. 03. 03.
군산진포중학교장 윤준호 드림

존경하는 주민 여러분들께 드립니다.

2017년을 뒤로하고 이제 2018년을 향해 도움닫기를 하고 있습니다.
2017년 우리 군산진포중학교는 교실 석면제거와 형광등 LED로 교체, 전교실 온난방기 교체, 교문에서 2관,3관 건물 안까지 소방차가 쉽게 들어올 수 있도록 소방도로와 장애인 진입로를 정비하였고, 서쪽과 운동장 벽돌담을 철제펜스로 교체하고, 1관과 2관 사이에 아이들이 즐겁게 쉬면서 대화를 할 수 있는 쉼터를 마련하였으며, 주차장 지붕설치, 운동장배수로 정비, 강당 전등과 온난방기 교체 등 많은 공사로 변화를 많이 가져 온 한해였습니다.
이렇게 많은 변화를 가져오기까지는 주민여러분들의 큰 도움이 있었기 때문에 이루어졌다고 생각합니다.
장시간 동안 소음과 미세먼지와 번거로움을 참으시면서 배려를 해주신 덕분에 우리아이들이 쾌적하고 깨끗한 환경에서 생활 할 수 있게 되었습니다.
이제 방학동안 교실 칠판만 교체를 하면 모든 공사를 마무리 합니다.
우리 군산진포중학교 교직원과 학생들 모두 고개 숙여 큰절로 고맙고 감사하다는 인사를 드립니다.

우리 아이들이 앞으로도 어긋나는 행동을 할 시에는 꼭! 꼭!!
아래번호로 연락을 주시면 올바르고 인성 바른 군산시민으로 성장할 수 있도록 최선을 다하겠습니다.

새해에도 우리 군산진포중학교 아이들 많이 사랑해주시고 건강하시고 행복한 한해가 되시기를 두 손 모아 기원 드립니다.
감사합니다.

교무실 472-1701, 교장실전화 472-1700, 휴대폰 010-3654-5407.

2017. 12. 29.
군산진포중학교장 윤준호 드림

밥상머리 대화

2016년도에는 식생활관 증축으로 인하여 점심식사를 어떻게 할 것인가를 학부모, 학생, 선생님들과 협의한 결과 도시락으로 했으면 좋겠다는 의견이 많아 3개월 중 32일을 도시락으로 대체를 했습니다.

학교급식을 하다 도시락을 먹으니 아이들이 맛이 없다고 해서 애를 먹었고, 선생님들께서도 관리하시느라고 고생을 많이 하셨습니다.

그러한 반면에 저는 학급별로 돌아가면서 직원협의회실에서 학생들과 밥상머리 대화를 할 기회를 마련하였습니다.

매일 점심시간에 아이들과 밥상머리 예의도 가르치고, 대화를 하면서 학교생활의 어려운 점이나 건의사항, 다양한 의견을

접하면서 대화를 할 수 있어서 좋았습니다.

아이들과 대화하는 것은 때와 장소가 없습니다. 대화 당사자는 학생입니다. 학생들 곁으로 먼저 가야합니다.

체벌

꽃으로도 때려서는 안 된다

초등학교 3학년 시절 우리 집은 학교와 담 하나 사이에 두고 등·하교를 하였습니다. 그런데 도시락을 가지고 다니는 학생들이 얼마나 부러운지 어머니를 졸라서 도시락을 싸가지고 등교를 했는데 그날 아침이 운동장 조회시간이었던 기억이 납니다. 운동장 조회시간에 참석하지 않고 교실에 남아서 도시락을 먹었는데 교실에서 김치 냄새가 나서 담임선생님께 발각이 돼 많이 맞았던 기억이 있습니다. 지금 생각해 보면 잘못한 것도 있었지만 그렇게까지 꼭 체벌을 해야 할 일이었나 생각을 해봅니다.

체벌은 교사와 학생, 부모와 자식 사이에 존재해야 할 신뢰관계를 허물어 버리는 것이라 생각합니다.

체벌이 습관화 되어 체벌을 자연스럽게 받아들인 학생들은 성인이 되면 아무렇지도 않게 자기 권위를 유지하기 위하여 육체적 고통을 가하는 것이 적절하다고 생각을 하게 되는 것입니다.

체벌은 일시적으로 학생을 통제할 수는 있지만 그들을 지속적으로 교육할 수는 없습니다. 모든 교사는 인격적인 카리스마와 잘 준비된 강의로 집중력 높은 수업을 이끌어 나가면서 교육을 하여야 합니다.

흔히 손에 무엇인가를 들고 다녀야 허전함을 느끼지 못한다고 하는 선생님들이 있습니다. 플라스틱자나 나무회초리, 주걱, 지시봉 등을 가지고 학생들을 툭툭 가볍게 때리거나 물리적인 폭력을 사용하는 경우가 많이 있습니다.

손에 아예 체벌이 될 만한 물건을 가지고 다니지 않는 것이 제일 좋은 방법입니다. 어른이나 아이들이나 상대방 싫은 것을 하는 것이 폭력입니다.

"꽃으로도 때려서는 안 됩니다." 나 자신의 인격과 아이들의 인격은 동일시 되어야 합니다.

우리 아이들은 피지 않은 꽃입니다. 꽃이 아름답게 필 수 있도록 물도 주고 보살펴야 합니다. 한두 번 물을 주고 마는 것은 아예 물을 안 주는 것보다 못합니다.

학교에 문제 학생은 없습니다. 다만 문제 행동만 있을 뿐입니다. 이 문제 행동만 바꾸어 주면 됩니다.

참! 쉽지요?

High five

매일 아침이면 선도부 학생들과 학생안전교육부 선생님, 교감선생님과 함께 우리 학생들을 맞이합니다. 아이들이 아침에 제일 먼저 첫발을 딛고 들어오는 교문은 아이들이 지적받고, 혼나고, 꾸중 듣는 곳이 아닌 즐겁고, 신나고, 활기차고, 기분 좋고, 웃음이 있는 장소여야 한다고 생각합니다.

학생들이 좋아하는 아이돌 노래를 틀어놓고 하이파이브를 하면서 "어서 오세요", "즐거운 하루 보내요" 하면 우리 아이들은 즐겁게 받아줍니다. 어떤 아이들은 사탕도 주고 가고 음료수도 주고 가고, 선생님들께서는 겨울이면 따뜻한 음료수와 순간 따뜻해지는 손 난로도 주고 가십니다.

즐거운 하이파이브, 웃음이 있는 아침 맞이, 행복한 하루의 시작이 그날 하루를 신나게 합니다.

3자

여러분!

우리 학교에서 가장 자랑스럽게 생각하는 것이 무엇이지요?

♡ 인사 잘 하는 것입니다.

♡ 욕하지 않는 것입니다.

♡ 남의 물건 손대지 않는 것입니다.

이렇게 우리 아이들이 응답을 합니다.

그러면 저는 여러분 부모님들께 항상 감사하게 생각하고 여러분들에게도 고맙게 생각한다고 말합니다.

왜냐하면?

부모님들께서 여러분들을 우리학교 자랑으로 생각할 수 있도록 가정교육을 잘 시켜주셔서 감사하고, 여러분들은 자랑스럽게 행동으로 실행을 해주어서 고맙고 감사하다고 합니다. 수시

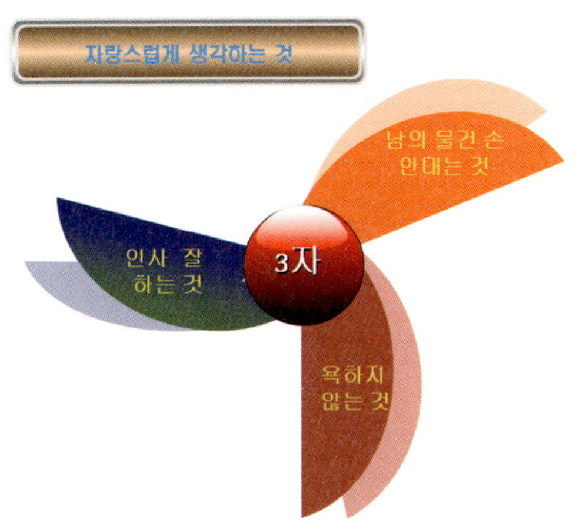

로 우리 학교 모든 선생님들과 함께 지속적인 칭찬으로 아이들이 스스로 지켜 나갈 수 있도록 격려해 줍니다.

칭찬은 칭찬을 낳는 것이지요.

인사

여러분!

“돈 하나도 안들이면서 칭찬을 받을 수 있는 게 무얼까요?”

“인사요.”

곧 바로 응답을 합니다.

인사를 잘 하면 빨리 가까워지고, 신뢰하게 되고, 예뻐 보이고, 가정교육을 잘 받았구나 하면서 부모님까지 칭찬을 받을 수 있는 것입니다.

몇 년 전 교장선생님 한 분을 뵈었는데 하시는 말씀이 “요즘 선생님들은 복도에서 만나도 인사를 할 줄 모른다.” 고 하시는 것을 들었습니다.

인사는 위 · 아래, 직위 고 · 하가 없다고 생각을 합니다.

먼저 보는 사람이 인사를 하면 됩니다. 우리 학교 선생님들과 저는 하루 몇 번을 만나도 인사를 합니다.

우리 학생들과도 제가 먼저 “안녕하세요?” “안녕!” 인사를 합니다. 아침에 복도 저 끝편에서 오던 아이도 큰 목소리로 “안녕하세요?” 하고 인사를 합니다.

인사는 인성의 기본이며, 감정소통의 첫걸음입니다. 그리고 가정교육과 학교교육에서 첫 번째로 중요하게 생각해야 할 교육입니다.

인사는 억지로 시켜서 하는 게 아니라 마음에서 우러나와서 진심으로 존경과 존중하는 마음으로 이루어져야 합니다.

우리는 학교생활을 하면서 매일 좋을 수는 없지만 매일 웃을 수는 있습니다. 웃으면서 아침인사로 시작해서 즐거운 하루가 되었으면 합니다.

3불

우리 학교에서 절대로 해서는 안 되는 행위 3가지가 있습니다.

첫째, 선생님께 불손한 행위

둘째, 힘이 있다고 힘이 없는 사람 괴롭히는 행위

셋째, 수업분위기 해치는 행위

교육과정설명회에 학부모님을 모시고 선생님께 불손한 행위와 힘이 있다고 힘없는 학생을 괴롭히는 행위 그리고 수업분위기 해치는 행위는 성찰의 시간과 함께 엄하게 처벌을 한다는 것을 분명하게 말씀을 드리고, 가정에서도 지도해 주시기를 부탁드립니다.

또한 선생님들께도 불손한 행위를 하는 학생은 이유여하를

막론하고 곧바로 교장실로 데려와 주시라고 말씀을 드립니다.

학교폭력대책위원회에서 결정이 날 때까지 교장실에서 데리고 교육을 하고 위원회의 결과에 따라 출석정지와 함께 엄하게 처벌을 합니다.

꼭! 내 친구를 위해서만 콕!

학교폭력을 예방하기 위해 호출벨 15개를 1관, 2관, 3관 복도 중간 중간에 중계기를 설치하고 "꼭! 내 친구를 위해서만 콕!"이라는 문구와 함께 설치하였습니다.

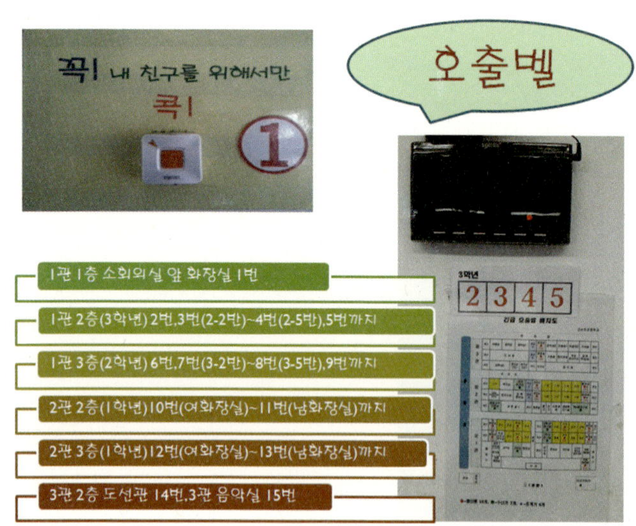

싸우려고 한다든가, 싸우고 있다든가, 누가 맞고 있다든가, 괴롭히고 있다든가, 화장실에서 담배를 피우고 있다든가 하면 콕! 누르면 번호가 떠서 위치를 알려줍니다. 이 호출벨은 학년 교무실, 학생부실, 교장실, 상담실 등 4군데에서 동시에 울려 모든 선생님들께서 곧바로 그 장소에 달려가서 지금까지 많은 학교폭력 예방을 하였습니다.

학교폭력 및 인성인권
Talk in Concert

학생들의 인권과 교사들의 교권에 대하여 학생들과 허심탄회하게 의견을 나누었습니다.

학생인권은 학생이 인간으로서 누려야 할 권리이며, 국가를 통해 학부모로부터 간접적으로 위임을 받아 학교에서 가르치는 모든 교육이 교사의 교권이기 때문에 학생인권과 교권은 서로 존중받아야 할 권리로 서로 다름이 아니라 같음이라고 하였습니다.

성찰의 시간

매월 마지막 주에는 각 교과 선생님들과 담임선생님들께 '이 학생 때문에 수업을 하는데 지장이 있어 어렵다' 고 판단이 되는 학생과 기본생활습관이 부족하거나 성찰이 필요한 학생이 있으면 명단을 제출하라고 해서 교장실에서 직접 성찰의 시간을 운영합니다.

이 성찰의 시간 운영도 마찬가지로 교장이 직접 하는 이유는 선생님들께 맡기면 업무가 되어 수업준비를 하는데 지장이 있기 때문입니다.

명단이 올라오면 상담을 하고 '생각과 태도 바꾸기' 를 실시

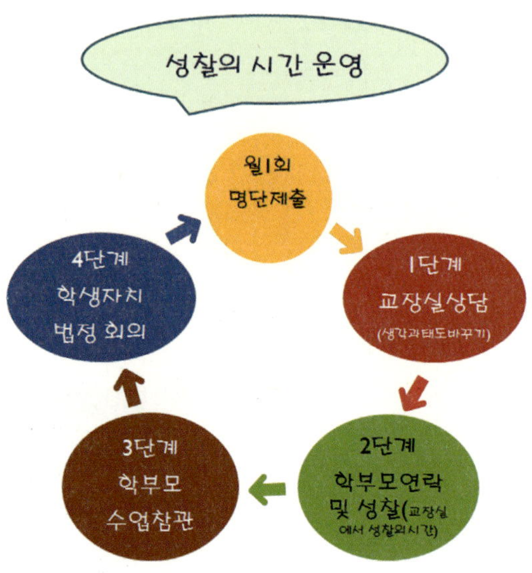

합니다.

동일한 학생이 두 번째 명단에 올라오면 학부모님께 연락을 하고 성찰의 경도에 따라 1일~2일 성찰의 시간을 갖습니다.

또 그 학생이 세 번째 명단에 올라오면 학부모님과 상담을 하고 해당교과 수업시간 참관을 통해 수업하는 태도를 보실 수 있도록 합니다.

마지막 네 번째 명단에 올라오면 학생자치 법정회의에 올려서 벌칙을 학생들 스스로 가할 수 있도록 하였습니다.

그런데 제가 운영해 온 4년 동안 3단계까지 올라간 학생은 1명도 없었습니다.

이 성찰의 시간은 우리 선생님들께 많은 도움을 주고 있어 꼭 필요한 방법이 아닐까 생각합니다.

지원제

즐거움과 꿈과 행복이 넘치는 학교!
웃음과 활기가 넘치는 학교!
오늘은 여러분들의 날입니다.
즐겁고 신나는 하루가 되었으면 합니다.
아름다운 추억이 여러분들의 마음속에 자리하여
먼 훗날!
아!
그때 그랬었지!
하는 추억이 되시기 바랍니다.
진포중학교 학생 여러분!
사랑합니다.

2016.10.26.
군산진포중학교장 윤준호

우리학교에는 지원제라고 하는 축제가 열립니다.

2014년 부임하면서 아이들과 축제에 함께하기 위해서 2014년도에는 댄스학원에 등록하여 움직이지 않는 몸을 3주 동안 연습을 하여 블락비의 HER라는 노래에 맞추어 댄스를 선보였습니다.

2015년도에는 대전에 있는 한림대학교에서 방학 동안에 드럼 연수가 있어 10일간 연수를 받고 아이들에게 선보였습니다.

2016년에는 탭 댄스를 배워서 보여주고 싶었는데 전라북도에는 학원이 없어 그냥 노래를 불렀습니다.

2017년에는 교직원 직무연수를 신청하여 오카리나를 배워 연주를 하였습니다.

제가 댄스를 잘하고, 드럼을 잘 치고, 노래를 잘하고 오카리나를 잘해서가 아닙니다.

이렇게 레슨을 받아가면서까지 아이들과 함께했던 이유는 우리 아이들 속에 들어가기 위함이고, 도전 정신을 가르치고 싶었기 때문입니다.

무엇이든지 도전해서 노력하고 열심히 하면 안 되는 것이 없다는 것을 실천으로 보여주고 싶었던 것입니다.

도전은 특권이 있는 누구 한 사람의 것이 아닙니다.

우리 모두의 것입니다.

선생님들과 함께

한 해가 다 가고 12월 겨울 방학하는 날 한 해 동안 애써주신 선생님들을 위해서 특별이벤트를 준비하였습니다.

조그만 선물을 선생님 모두에게 드리고 케익과 행사용 촛불을 준비하여 애써주신 선생님들께 고맙고 감사하다는 말씀을 드렸습니다.

잘 쓰는 글씨는 아니지만 나름대로 성의껏 준비를 해서 선물로 드렸습니다.

情!

'사랑이나 친근감을 느끼게 하는 마음이나 느끼어 일어나는 마음' 이라고 합니다. 이러한 마음으로 1년, 2년, 3년, 4년 동안 함께해 주신 선생님들, 이 모두가 정으로 만나 정으로 생활하면서 한 해를 마무리 하지 않았나 생각해 봅니다.

고맙고 감사합니다.

〈2016년〉

생각만 해도 기분이 좋은 사람!

보기만 해도 에너지가 충만되는 사람!

함께 있기만 해도 기쁨과 행복을 안겨주는 사람!

이러한 사람들이 우리 학교 선생님들이 아닐까 합니다.

〈2017년〉

학교가 이래서 즐거워요

여름방학이 끝나갈 무렵 학부모님을 만났는데, 아이들이 학교에 빨리 가고 싶어 한다고 말씀하시기에 "그래요. 학교생활이 즐거웠던가 봅니다." 그러니까 부모님께서 "학교에서 이벤트를 자주 해주셔서 그런가 봐요."라고 하시네요.

저 자신도 아이들이 보고 싶었지만 아이들도 그렇게 생각을 하고 있다는 것에 마음이 흐뭇했습니다.

학생들은 학교가 즐거워야 합니다.

한 달에 한 번씩 즐거움과 기대감 그리고 스트레스를 풀어버릴 기회를 주어 학교생활에 시너지효과가 나올 수 있도록 다양한 이벤트를 생각해 보았습니다.

웃음이 있고, 활기차고, 시끌벅적하고, 여기저기에서 노래 소리가 들려오고, 운동장에서 공을 가지고 즐기는 학교 이러한 학교가 우리가 지향해 나가야 할 아이들의 학교가 아닐까 생각합니다.

4월 이벤트 안내

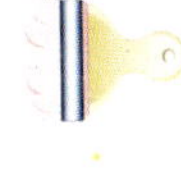

학생들에게 알려드립니다.

학년별로 아래 일정에
4월 이벤트 보물찾기를
하려고 합니다.
점심식사 후에
많은 참여해주시기 바랍니다.

1. 일시
   - ☆ 2학년 : 2017. 04. 04(화) 점심식사 후 13시
   - ☆ 1학년 : 2017. 04. 05(수) 점심식사 후 13시
   - ☆ 3학년 : 2017. 04. 06(목) 점심식사 후 13시

※ 실시되는 당일 학년은 점심식사를 제일 먼저 식사를 합니다.

2. 장소 : 앞 화단과 운동장 주변담장과 화단
3. 내용 : 보물찾기
4. 상품 : 아이스크림 1개씩

군산진포중학교장 윤 준 호

사자성어 맞추기

한문 선생님께 학년별로 난이도를 구분하여 5문제를 출제해 주시라고 부탁을 드려서 일주일 전에 사자성어를 공지하고 암기해서 오는 학생들에게 팝콘과 솜사탕 중 하나를 선택할 수 있도록 하여 제공하였습니다.

1학년 학생들은 그래도 암기해서 오는데 2, 3학년들은 그 자리에서 암기를 하고 참가를 하네요.

Popcorn

보물찾기

1학기와 2학기에 2회씩 년 4회 학년별 보물찾기 이벤트를 교내 화단과 운동장 주변을 이용하여 실시하였습니다.

상품은 간단하면서 우리 아이들이 좋아하는 아이스크림과 아이스바를 준비하여 점심시간에 실시합니다.

해당 학년은 먼저 점심식사를 하고 행사에 참여할 수 있도록 하여야 합니다. 그렇지 않으면 점심식사를 하지 않고 기다리고 있기 때문입니다.

우리 아이들의 표정을 보시면 얼마나 즐겁게 행사에 참여하고 있는가를 엿볼 수가 있습니다

가위, 바위, 보, 게임

가위, 바위, 보, 게임은 승자는 팝콘을 주고 패자는 알사탕을 준비하였다가 주는 게임입니다.

생각보다 우리 학생들이 즐거워하고 재미있게 참여를 하여 짧은 점심시간이지만 즐거운 시간을 보낼 수 있습니다.

여기에 선생님들께서도 참여하시어 웃음과 함께 유쾌한 시간을 보냈습니다.

3명 이상 친구와 같이 오기

친구들이나 선생님과 팝콘이나 솜사탕을 먹으며 즐거운 시간을 보내면서 서로 대화를 하라는 의미에서 3명 이상 친구와 함께 같이 오면 사진 찍어서 밴드에 올려주고, 추억에 남을 수 있도록 하였습니다.

조인숙 선생님과 같이 왔네요

이름이 같은 친구나 형제, 자매 함께 오기

우리 학교에는 쌍둥이와 형제, 자매, 이름이 같은 친구들이 많이 있습니다. 가정에서의 생활과 학교에서의 생활은 조금은 다릅니다. 그래서 가족애와 이름이 같은 친구나 선 · 후배간의 우의를 돈독히 해주기 위하여 이 행사를 하게 되었습니다.

사다리 타기

10명이 한 팀을 구성하여 오라고 합니다. 그렇지 않으면 짧은 점심시간을 이용해서 하여야 하기 때문에 많은 학생들이 참여하기가 어렵습니다.

그리고 10명 모두가 하나씩을 선택할 수 있도록 하고 상품을 줄 수 있는 당첨자와 꽝을 5:5로 만들어야 합니다. 그래야 꽝이 나온 학생들도 함께 참여한 학생과 함께 팝콘과 솜사탕을 나누어 먹고 대화를 하면서 서로 친밀감을 느낄 수 있도록 하기 위함입니다.

물 풍선 터뜨리기

한여름 우리 아이들도 물속에 뛰어들고 싶은 점심시간 물 풍선 터뜨리기 판을 만들어 미술선생님께 부탁을 드려서 예쁘게 under the sea 색칠을 해서 저와 선생님들과 학생들이 가위, 바위, 보를 해서 패한 사람이 판에 얼굴을 내밀고 승자가 물을 담은 풍선을 던져서 터뜨리기 게임을 하였습니다.

선생님과 아이들의 스트레스를 다 날려버리는 즐거운 시간입니다.

풋살 골대 맞추기

축구 골대 10m 앞에 라인을 치고 점심시간에 남학생은 축구공으로 골대를 맞추고, 여학생은 풋살 골대를 세우고 배구공으로 골대 맞추기 게임을 하였습니다.

골대를 맞춘 학생에게는 아이스크림 상품을 주고 맞추지 못한 학생은 기회를 여러 번 주어서 맞추도록 하였습니다.

꿈 찾아 주기

학년별, 학급별로 점심시간에 교장실로 불러 한 명 한 명씩 꿈을 찾아 적어 주었습니다. 책상 위에 올려놓고 10년 후에 자기 자신의 모습을 보라고 하였습니다. 그리고 아침마다 자기와의 대화를 하라고 하였습니다.

"♥♥♥야! 너는 할 수 있어!"

"모든 것은 마음먹기에 달려 있어!"

주먹밥과 Hugday

학기별로 1회씩 년 2회 식생활관의 협조로 학부모님들과 함께 전날 시장을 봐서 미리 준비를 해놓고 당일 05시 30분에 식생활관에 모여서 주먹밥을 만들어 음료수와 함께 우리 아이들에게 나누어 주고 선생님들과 함께 허그데이 행사를 하였습니다.

학부모님, 선생님, 우리 학생들 모두가 만족감을 느꼈고, 주먹밥은 가끔 해주었으면 좋겠다고 아이들이 청을 합니다.

가슴과 가슴으로 이어지는 온기가 사랑으로 전해져 선생님과 학생들 간의 정이 더욱더 싹이 트리라 생각합니다.

2017년에는 만두와 음료수를 준비하여 프로그램을 운영하였습니다.

나도 교장선생님!

진로체험을 해볼 수 있는 기회를 교장실 의자에 앉아서 느낄 수 있도록 하였습니다.

지금 교장이라면 가장 먼저 무엇을 하고 싶은가?

학생들을 위해서 무엇을 해주고 싶은가?

부모님들께는 어떤 말씀을 해드리고 싶은가?

선생님들께는 어떤 말씀을 해드리고 싶은가? 등을 생각해 볼 수 있는 기회를 주었습니다.

미래에 우리 학생들 중에 교육계에 들어와 진포중학교 교장으로 이 자리에 와서 근무하는 학생이 나오리라 확신합니다.

물 풍선 안고 터뜨리기

제기차기

학교장배 족구대회

시 암송하기

국어선생님의 도움을 받아 긴 문장과 짧은 문장의 시 30개를 선정하여 공지를 한 다음 시 암송하기를 하였습니다.

예상 외로 많은 학생들이 참여를 해서 유익한 시간이 되었고, 우리 학생들에게 평생에 남을 추억을 담아주었습니다.

순	작품제목	시인	순	작품제목	시인
1	진달래꽃	김소월	16	먼 후일	김소월
2	모란이 피기까지는	김영랑	17	남으로 창을 내겠소	김상용
3	풀꽃	나태주	18	서시	윤동주
4	꽃	김춘수	19	국화 옆에서	서정주
5	풀잎에도 상처가 있다	정호승	20	산 너머 남촌에는	김동환
6	보리피리	한하운	21	갈대	신경림
7	무지개	워즈워스	22	귀천	천상병
8	너에게 묻는다	안도현	23	흔들리며 피는 꽃	도종환
9	청포도	이육사	24	부모	김소월
10	내 마음은	김동명	25	빈집	기형도
11	사랑하는 까닭	한용운	26	저녁에	김광섭
12	나그네	박목월	27	가을의 기도	김현승
13	콩, 너는 죽었다	김용택	28	지각 – 행복의 얼굴	김현승
14	봄길	정호승	29	그 꽃	고은
15	새로운 길	윤동주	30	삼촌	김영룡

조그마한 관심

우리 아이들과 학부모님들은 조그마한 관심에도 크게 감동을 받습니다.

일 년이면 정기고사가 4번 있습니다.

그러면 고사가 있는 첫 번째 날 아침 24개 학급 칠판에 "1-1반 파이팅! 1차 고사 잘 보고, 잘 쓰세요."라고 적어서 격려를 해줍니다.

일찍 와서 시험 준비를 하고 있는 학생은 제가 이렇게 적고 "시험 잘 보세요."

그러면 아이들이 "네! 선생님! 고맙습니다." 라고 합니다.

그리고 부감독으로 오신 부모님들을 쉬는 시간에 만나 뵙고 인사를 드리고 대화를 하다보면 부모님들께서도 우리 아이들한테 관심을 갖고 격려를 해주셔서 감사하다고 말씀들을 하십니다.

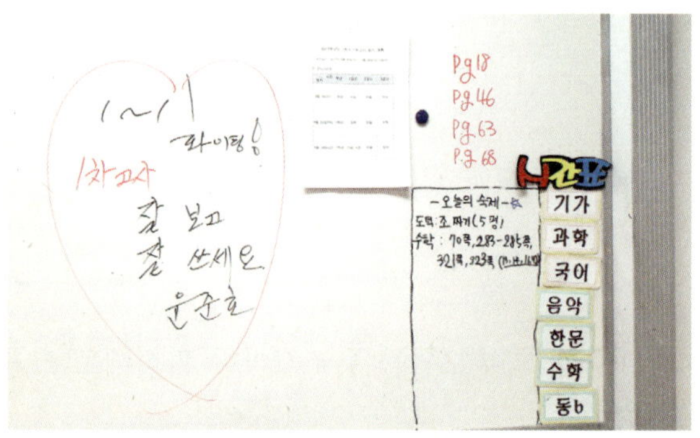

조그마한 관심과 격려가 우리 아이들의 마음을 살찌게 하고 부모님들과 소통이 이루어지도록 도와줍니다.

선도부 역할

전라북도교육청과 학생인권센터에서 주최한 제5회 전북학생인권토론회가 2017.04.08.(토)에 열렸습니다.

이 자리에서 선도부 폐지에 관하여 찬반 토론이 있었습니다.

찬성 측에서는 "학생이 학생을 가르칠 권리가 없고, 학생들 간의 갈등이 발생하며 학생들의 규제를 이유로 선도부를 이용하여 학생들을 규제한다는 것은 잘못된 것이다. 그리고 모든 사람은 동등한 인격체로서 똑같은 대우를 받아야 한다."고 하였습니다.

반대 측에서는 "학생이 주최가 되어 규율을 정하고 민주적인 방법으로 학교를 운영하는데 필요하며 학교의 질서를 유지하는 데 있어서 선생님들의 지도가 한계가 있기 때문에 선도부가 함께 지도를 해야 한다."고 하였습니다. 그리고 "선도부를 폐지하면 지금보다 더 많은 문제점이 발생할 것"이라고 하였습니다.

선도부를 학교에서 어떻게 활용하느냐에 따라서 달라지리라고 생각합니다.

우리 학교 예를 몇 가지 들어보겠습니다.

먼저 선도부를 선발할 때 동아리 활동을 하듯이 선도부에 참여하고 싶은 학생들을 모집해서 면접을 보고, 봉사정신과 리더쉽이 있는가 없는가를 며칠간 지켜보고, 최종선발전까지 1주일의 시간을 가지고 이 학생이 선도부로서 역할을 충분히 할 수 있는가를 판단을 하여 결정을 합니다.

둘째, 학생이 학생을 지적하면서 지도하지 않고 아침 등교 시에 교문에서 아이돌 음악을 틀어 놓고 웃으면서 즐겁게 아침 맞이를 하고 있습니다.

셋째, 봉사활동을 실시합니다. 학교주변과 교내의 청소를 스스로 하고 있습니다. 그리고 연말에는 돼지저금통에 저금한 돈을 털어서 독거노인들에게 연탄을 배달합니다. 봉사활동 정신

이 없으면 선도부에 들어올 수 없습니다.

넷째, 점심시간에 식생활관과 교문이나 교내를 돌면서 자치 활동을 합니다.

지적하고 감시하고 혼내는 선도부가 아닌 진정으로 다른 학생들과 함께 동행할 수 있는 선도부, 도와주는 선도부, 이러한 선도부가 필요하다고 봅니다.

289,000원

289,000원 이 액수는 무엇일까요?

기본급(12학급) 250,000원과 가산금(초과13학급) 1학급 3,000원 ×13학급(특수학급포함) =39,000원입니다.

이 돈은 학교장 직책급업무추진비입니다. 학교업무추진비는 학교장이 직책 수행의 소요를 충당하기 위한 직책급 업무추진비와 기관운영(각종 협의회 등)과 사업추진(주요사업 등)을 위한 일반업무추진비가 있습니다.

저는 학교장 직책급업무추진비를 우리 아이들과 우리 학교 선생님들을 위해서 4년 동안 효율적으로 사용을 하였습니다.

첫 번째로 3월 학년 초가 되면 선생님들께 신청을 받아서 선생님들의 명함을 만들어 주었습니다. 일본의 학교선생님들은 명함을 가지고 다니면서 학부모님과의 상담 시에나 사회에서도 자존감을 가지고 생활을 하고 있습니다.

두 번째, 자유학기제로 인하여 제기 계속 4년 동안 현장체험활동에 동행을 해서 책임자로 다녀왔습니다. 제가 가는 현장체험활동 마지막 날에는 조그마한 선물을 해당 장소에서 구입하여 학생들 인솔하고 지도하느라고 애쓰셨다고 선생님들께 드려 격려를 하였습니다.

세 번째, 우리 학생들이 학교에서 해주지 못하는 동아리 활동 대회에 출전할 때 복장 등에 필요한 예산을 지원해 주었습니다.

네 번째, 학생과 선생님들의 이벤트 시 필요한 물품을 구입하여 아이들과 함께 즐겼습니다.

다섯 번째, 본교무실, 1학년교무실, 2학년교무실, 3학년교무실, 학생안전교육부실, 식생활관, 행정실 등 담임선생님들께 늘 애쓰신다고 실별로 격려금을 전달하였습니다.

여섯 번째, 현장체험학습에 가서 학급별로 사진 컨테스트를 합니다. 담임선생님과 함께한 사진을 제출하면 그 중에서 선발하여 시상을 하였습니다.

일곱 번째, 학기별로 고사를 마치고 학년별로 비공식 체육대회와 미니체육대회 때에 시상금을 주어 학년별로 실시하도록 하였습니다.

여덟 번째, 학년별로 선생님들께서 1박 2일 여행을 떠나시면 일 년 동안 수고하셨다고 격려금을 전달하였습니다.

아홉 번째, 학교운동부가 전국대회에 나가면 학교예산상 격

테마식체험학습 사진콘테스트 1위 팀 사진

려금이 정해져 있어 여러 번에 걸쳐서 격려를 해 줄 수 없습니다. 이러할 때 격려금을 주어 사기를 올려주었습니다.

열 번째, 부장간담회, 각 부별간담회, 학년별 간담회, 학교운영위원회 등 간담회 때에 예산액을 초과할 시에는 제가 결재하여 담당자들이 불편하지 않도록 하였습니다.

열한 번째, 학교 워크숍을 실시하면 비용에 더하여 사용할 수 있도록 격려를 하였습니다.

이렇게 직책급업무 수당을 사용하다 보니 마음도 뿌듯하고 즐거운 마음으로 지원을 해줄 수 있었습니다.

잔소리

여러분!

이 어린이 사진의 인물은 누구일까요?

선생님이요.

그래요. 초등학교 2학년 때의 사진이에요.

귀엽지요?

나도 이렇게 귀여운 시절이 있었어요.

여러분 엄마, 아빠, 할아버지, 할머니 그리고 우리 학교에 계시는 모든 선생님들도 여러분과 같은 시절을 다 겪고 성장을 해서 어른이 된 거예요.

갓난아기가 느닷없이 뻥튀기 하듯이 '뻥' 튀어서 어른이 된 것은 아니지요. 그렇지요?

어른이 될 때까지 우리는 성장하면서 무엇을 얻으면서 어른이 되었을까요?

지혜요. 지식이요. 경험이요.

그래요. 경험입니다.

어른들은 이 경험을 통해서 성장한 것입니다.

이 경험 속에는 두 가지가 있습니다. 이 두 가지를 배우면서 어른이 되는 것입니다.

하나는 지혜입니다. 수많은 경험들이 쌓여 지혜가 만들어지는 것입니다.

또 하나는 시행착오입니다.

시행착오란 어떠한 행동이나 일을 하면서 자신의 행동으로 인해 벌어질 결과를 예측하지 못하면서 여러 가지 행동을 하다가 성공하거나 실패를 하면서 알아가는 과정입니다.

이러한 두 가지를 통해서 경험을 얻은 것입니다. 그래서 어른들은 여러분들한테 이렇게(입에 손을 대고 떠드는 소리) 합니다.

여러분들은 이것을 무엇이라고 하지요?

잔소리요.

바로 응답을 합니다.

그러면 이 잔소리는 좋은 말이에요? 나쁜 말이에요?

좋은 말입니다.

여러분 오늘부터는 학교에서 선생님께서, 집에서 부모님께서 잔소리를 하시면 '아! 저분이 나보다 오래 사시고 경험이 많으시니까 잔소리를 하시는가 보다.' 이렇게 생각하세요. 그러면 마음이 편해 질 거에요. 알았지요?

네~~~ 합니다.

오늘은 누가?

학생수가 780여명이 되다 보니까 항상 환자는 발생합니다.

보건실에서 판단하여 보고할 사안이면 환자 발생 즉시 보고가 이루어져야 합니다. 배가 아프고 몸에 이상 기운을 느끼거나, 손가락, 손목, 발가락, 발목, 눈 주위, 얼굴 부분, 머리 부분 등 신체활동시간이 많은 체육시간, 점심시간, 쉬는 시간에 운동을 하다가, 그렇지 않으면 다투거나, 장난을 하거나, 계단을 몇 계단씩 뛰어내려 오다가, 복도를 100m 달리기를 하듯이 뛰다가 부딪쳐 부상을 입어 보건실에서 응급치료를 받고 병원에 가서 치료를 요하는 학생들이 발생합니다.

우리 아이들이 누가 어디서 어느 시간에 부상을 당하였는가는 교장이 알고 있어야 한다고 생각을 합니다.

부상 상태가 아주 심하다고 판단이 되면 교장인 제가 직접 부모님께 전화를 드려서 안심을 할 수 있도록 해드리면서 학교에서 최선을 다하였음을 알려드립니다.

내가 부모라면 우리아이가 부상을 당하였을 때에 학교 측에서 최선을 다하여 병원에 이송을 하였는가에 따라 생각이 달라질 수가 있기 때문입니다.

또한 부모님들께서도 안도하실 수 있도록 해야 합니다. 내 아이를 방치해 두었다고 생각을 하면 부모님은 당연히 화를 낼 수밖에 없습니다.

그리고 교육적으로도 있어서는 안 되는 일입니다.

그래서 저는 손가락, 팔, 발목, 발가락 등에 깁스를 하고 다니는 아이들을 거의 대부분 알고 있습니다.

그리고 매일 교문에서 빨리 나으라고 격려도 하고 교장실에 불러 음료수도 주고 웃으면서 기념으로 남겨 놓아야 한다고 인증 샷을 해서 학교밴드에 올려 부모님과 공유를 합니다.

웃기지요?

환자를 데리고 인증 샷을 하니까요.

늘! 내가 먼저

"교장은 학교 선생님들을 잘 만나야 해. 선생님들 잘못 만나면 너무 힘이 들어."라고 말씀을 하시는 분들이 가끔 있습니다.

그러면 저는 웃으면서 그럽니다.

"그럼 선생님들은 누구를 잘 만나야 하는가요?"

저는 누가 누구를 잘 만나야 그 학교가 운영이 잘 된다고 생각하지는 않습니다.

인간은 사회적 동물이라고 하였습니다.

어디서 누구를 만나든지 간에 어떻게 생활을 하고, 관계 형성을 어떻게 하느냐에 따라 달라진다고 생각합니다.

살아가면서 모든 것은 상대성입니다.

늘! 내가 먼저 인사하고

늘! 내가 먼저 들어주고

늘! 내가 먼저 받아주고

늘! 내가 먼저 사랑하고

늘! 내가 먼저 배려하고

늘! 내가 먼저 칭찬하고

늘! 내가 먼저 감사하다 보면 좋은 관계가 형성되어 서로가 서로를 위해 주고 자기 맡은 업무에 충실하리라 생각합니다.

수국

“저는 수국 꽃을 좋아합니다.”

왜냐구요?

수국은 색깔도 하얀색, 연한 자주색, 푸른색, 연한 붉은색으로 다양하며 시기에 따라 색깔이 달라집니다.

수국은 많은 작은 꽃들이 모여 하나의 꽃을 완성합니다. 한 여름에 피어 있는 모습을 보면 한 아름 안고 싶은 꽃이기도 합니다.

아름다운 꽃 하나하나가 모여 더 큰 하나의 꽃을 만들어 더 아름답게 만들고 있습니다. 그래서 저는 여러 개의 꽃이 모여 더 아름다운 수국을 좋아합니다.

이렇듯 우리가 근무하는 학교도 한 사람 한 사람이 모여 하나의 공동체를 형성하여 즐겁게 생활하고 있다고 생각을 합니다.

선생님들 한 분 한 분 모두 다 자기 맡은 바 업무에 최선을 다해 충실히 해주시기 때문에 우리 학교가 빛나고, 외부에서 참! 진포중학교 날로 발전하는 학교라고 칭찬을 받고 있어 선생님들께 늘! 고맙고 감사하다는 말씀을 드립니다.

너 누구니?

수업시간인데 한 학생이 2층 교실에서 내려옵니다.

"어! 우리 학교 학생이 아닌데, 아니지요?"

"네!"

"내가 이름은 다 몰라도 얼굴을 보면 우리 학교 학생인지 아닌지 알고 있는데 어디 학교 다니지요?"

"네! ○○중학교에 다닙니다."

"근데 왜 이 시간에 학교는 안가고 여기에 있지요?"

"지금 시험기간이라서 친구 만나러 왔습니다."

"그래요. ○○중학교 몇 학년 몇 반 누구지요?"

"3학년 5반 김○○입니다."

자세한 내용을 알아보고 친구 누구를 만나러 왔는지 확인도 하고 일과시간에는 들어오지 않도록 주의를 주고 만나고 싶으면 하교 후에 학교 밖에서 만나라고 지도하고 돌려보냈습니다.

"죄송합니다. 다음에는 수업시간에 들어오지 않겠습니다."

그렇지 않아도 다른 학교 학생이 학교에 들어왔다 간다는 이야기를 듣고 학교 내 주변을 유심히 관심을 가지고 순회를 하고 있었습니다.

제가 아이들이 우리 학교 학생인가 아닌가를 구분할 수 있는 것은 매일 아침 등교시간에 교문에서 얼굴을 보고, 아침과 점심시간에 각 교실을 순회하면서 자주 우리 아이들을 만나기 때문에 금방 알아 볼 수 있습니다.

그래서 힘이 들고 번거롭지만 아이들과 함께하는 것이 생활지도에 도움이 된다는 것을 더욱더 느낄 수가 있었습니다.

브리핑

제19대 문재인 대통령이 당선되어 대통령직을 수행하면서 고위직 인사를 발표하는데 직접 브리핑을 했다고 해서 여러 매스컴에 뉴스거리가 되고 있습니다.

육군장교(ROTC)로 군대에 있을 때 브리핑을 해보고 교장으로 발령을 받아 오랜만에 브리핑을 해 보았습니다.

브리핑은 아랫사람이 윗사람한테만 하는 것이 아니라, 기관장이 직원들한테 운영에 관하여 브리핑을 해야 한다고 생각합니다.

먼저 매년 3월이면 선생님들께 1년 동안 학교를 어떻게 운영할 것인가를 브리핑을 해서 학교가 어떤 방향으로 갈 것인가를 먼저 알려드리는 것입니다.

두 번째는 학부모님들에게 학교교육과정설명회 때 학교장 인사에 그치지 말고 학교운영 전반에 걸쳐 브리핑을 해야 합니다.

세 번째는 우리 학생들에게도 특강시간에 학교폭력예방활동뿐만 아니라, 우리 학생들이 알아야 할 사항들을 브리핑 해주는 것입니다.

그래야 학생들이 학교장의 방침이 어떤 것인지를 이해하고, 학교 규정과 규칙을 지키면서 즐거운 학교생활이 이루어질 수 있기 때문입니다.

학생들을 사랑하고 예뻐하더라도 해서 되는 일이 있고 안 되는 일이 있으며, 옳고 그름을 분명히 판단하고 행동할 수 있도록 지도해야 합니다.

나를 있게 한 5가지

지금까지 살아오면서 저를 지탱해 준 다섯 가지가 있습니다.

첫째, 만남을 좋아해라. 만났으면 상대방에게 최선을 다하라.

철학자 칼 야스퍼스는 만남에는 두 가지가 있다고 하였습니다.

하나는 겉과 겉끼리 만나는 피상적인 만남과 다른 하나는 인격과 인격끼리 만나는 깊은 실존적인 만남이 있다고 하였습니다.

진솔한 마음으로 상대방을 대하고 진솔한 마음으로 행동하는 것이었습니다.

둘째, 약속은 확실하게 지켜라.

약속시간 5분~10분 전에 도착하여 기다려주는 마음이 상대방에 대한 예의라고 생각하고, 지키지 못할 때에는 확실하게 설명을 해주고 상대방이 이해를 할 수 있도록 했으며, 참석할 것인가

불참할 것인가를 분명하게 알렸습니다. 이것은 배려입니다.

셋째, 선배는 존경하고 후배는 존중해 주어라.

우리가 사회생활을 하다보면 나보다 어린 선배를 만날 수도 있고 나보다 나이가 많은 후배를 만날 수가 있습니다. 이렇게 난처한 경우에 가장 중요시되는 것이 존경과 존중이 아닐까 합니다.

넷째, 긍정적인 마인드를 가지고 생활하자.

긍정적인 생각을 하는 사람은 자신의 사고에 유익할 뿐만 아니라 좋은 결과를 얻는데 훨씬 유리하며, 마음이 튼튼해지고 면역력이 높아져서 질병에 대한 저항력이 강해지기도 합니다. 그리고 이것은 생활의 활력소입니다.

다섯째, Lucky & good Lucky

운은 찾아오는 것이고 행운은 만들어지는 것입니다. 행운은 준비된 자에게 오면 자기 것이 되지만 준비되지 않은 자에게 오면 남의 것이 됩니다.

이 다섯 가지를 항상 되새기면서 지금까지 교육자로서 생활을 해 왔습니다. 그리고 이게 저의 버팀목이었으며 나침판이었습니다.

소통과 신뢰

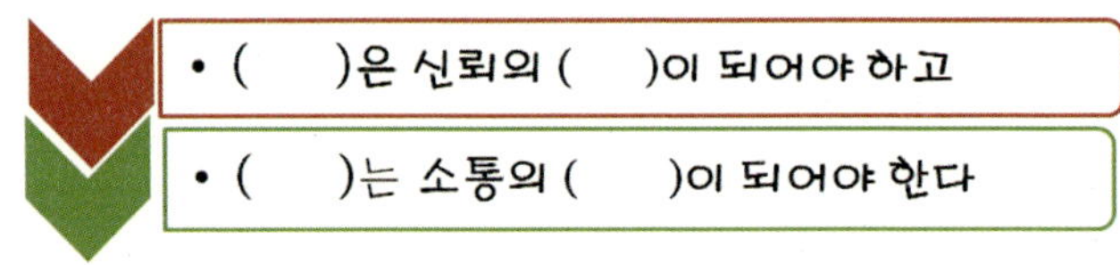

'소통은 신뢰의 수단이 되어야 하고, 신뢰는 소통의 목적이 되어야 합니다.'

학교라는 공간은 교장과 교사, 교사와 교사, 교사와 학생, 학생과 학생, 교사와 학부모, 학부모와 학부모 등 여러 사람들이 함께하는 마을입니다. 함께 생활하는 마을에서는 혼자 살 수 없듯이 학교에서도 혼자 지낼 수가 없습니다.

업무를 추진하다 보면 이리저리 서로 협조를 얻어야 하고 협조를 해주어야 합니다.

공동체 구성원으로서 과연 대화를 통한 소통이 얼마나 이루어지고 있는가를 스스로 자문해 볼 필요성이 있습니다.

소통은 누가 만들어 주는 것이 아닙니다. 자기 자신 스스로 만들어 나가야 합니다.

풀꽃

예쁜 것을 모아 놓으면 아름다움이 되고

그 아름다움 속에는 균형과 조화가 함께 이루어집니다.

그 아름다움을 오랫동안 바라보아야 그것을 알아차려 사랑스럽게 느껴집니다.

우리 아이들도 자세히 보고, 오래 보아서 한 사람 한 사람이 가지고 있는 내면을 개발할 수 있도록 해주었으면 합니다.

나태주

나태주

오케스트라의 지휘자

학생과 관계형성을 위해서는 좋은 수업이 기본입니다.

학기 초가 되면 이러한 표현이 적절할지는 모르겠지만 급우들과의 학급생활에서 서로가 서로를 알기 위해 간을 봅니다. 마찬가지로 학생들은 선생님들 '간' 도 봅니다.

이번시간 과목 선생님께서 수업을 어떻게 시작하고 어떻게 진행을 하고 어떻게 마무리를 하는가를 각자 스스로 판단을 합니다. 수업을 철저하게 준비를 해서 알차게 진행을 하는 선생님에게는 함부로 대하지 못하고 일단은 선생님한테 주눅이 드는 것입니다. 그래서 수업시간에 헛된 행동이나 지나친 질문이나 엉뚱한 행동으로 수업을 방해하지 못하는 것입니다.

또한 선생님께서도 자신감을 가지고 학생들을 대하고 수업을 진행하기 때문에 수업방해를 하더라도 과감하게 꾸중하며 하지 못하도록 할 수 있습니다.

한 시간의 수업이 얼마나 즐겁고 다양한 변화 속에서 이루어지는가에 따라 성패가 달라지는 것입니다. 그리고 생각했던 수업목표도 달성할 수 있는 것입니다.

알찬 수업계획 속에 이벤트와 놀이를 함께하면서 Jump가 이루어지는 수업준비로 한 시간 동안 아이들과 즐겁고 웃음이 넘쳐나는 시간이 되어야 합니다.

한 시간 그 수업시간은 담당선생님의 소중한 시간입니다. 이 시간만큼은 교실에서 작은 오케스트라 지휘자가 되어야 합니다. 오케스트라의 지휘자가 단원 한 명 한 명과 눈을 마주치면서 멋진 하모니를 만들어 내듯이 선생님들께서도 학생들과 눈을 마주치면서 멋진 수업을 이끌어 내야 합니다.

작은 오케스트라의 지휘자! 얼마나 멋이 있습니까!

학생 생활지도는 이렇게?

첫째, 학교장이 적극적으로 참여를 해야 합니다.

학생생활지도에는 학교장, 교사, 학부모, 주민 등 모두가 참여를 해야 합니다.

특히 학교장이 직접 참여를 해서 학교에서 강력하게 대처를 하고 있다는 것을 학생들에게 각인 시켜야 합니다.

그러기 위해서는 우선 학교장은 학교폭력에 대해 각 학급별로 특강을 들어가서 학생들에게 학교규정과 절차를 인지 시켜야 합니다.

두 번째는, 선생님들께서 담임업무나 수업이 제대로 이루어질 수 있도록 지원을 해주어야 합니다. 수시로 지도가 필요한 학생들의 명단을 받아 교장실에서 상담과 함께 지도가 이루어지도록 해야 합니다.

세 번째, 피해 학생과 격리가 필요하고 학교폭력대책위원회 결과가 나올 때까지 출석정지를 요할 시에는 하루 수업과정을 교장실에서 이루어질 수 있도록 하여 학생부 담당선생님의 수업에 지장이 없도록 도와주어야 합니다.

네 번째, 문제행동을 하는 학생들을 학교장은 숙지를 하고 수시로 대화와 상담을 통하여 칭찬도 해주고, 방학 동안에는 학생과 학부모와 소통을 해 많은 관심과 격려를 해주어야 합니다.

다섯 번째, 학교담당 경찰관과 정보를 공유해야 합니다. 학생부에서 당연히 함께 공유를 하겠지만 학교장도 문제행동을 하는 학생들의 정보를 공유해서 생활지도 상담에 활용을 해야 합니다.

둘째, 교사는 수업으로 승부를 해야 합니다.

영국의 철학자이자 수학자인 앨프리드 화이트헤드는

"보통 선생님은 지껄인다.

좋은 선생님은 잘 가르친다.

훌륭한 선생님은 스스로 해 보인다.

위대한 선생님은 가슴에 불을 지른다." 라고 하였습니다.

각 교과별로 준비를 철저히 하여 그 시간만큼은 즐겁고 알차게 수업을 하여 그 교과에서는 최고라는 평가를 받아야 합니다.

저는 선생님들께 모둠별협동학습을 권장하고 싶습니다. 모둠별로 학습이 이루어져 학생들간 관계가 원만해지고, 학생들 서로가 협력을 하면서 배려하고, 칭찬하고, 격려를 통해 학급공동체 분위기가 형성이 되기 때문입니다.

가끔 학부모님의 전화를 받거나 만나서 대화를 해보면 학부모님들의 칭찬을 받는 선생님들이 우리 학교에는 많이 계십니다.

이 과목을 사설학원에 보내려고 했는데 아이가 적극적으로 학교에서 선생님께서 워낙 잘 가르쳐 주시기 때문에 학원에 가지 않아도 된다고 해서 보내지 않았다고 하시는 말씀을 들을 때는 교장으로서 기분이 최고입니다.

그리고 수업을 잘해야 만이 학생들이 믿고 따르며, 선생님 스스로 자신감이 생겨 생활지도에 적극적일 수 있습니다.

셋째, 학부모와 수시로 대화를 통한 소통을 해야 합니다.

담임선생님은 부모님과 대화를 어떠한 방법으로든지 해야 합니다.

우선 전화대화를 먼저 시도해야 합니다. 가장 쉽고 빠르게 대화를 할 수 있는 것이 전화입니다. 직접 목소리를 들으면서 2주일에 1번 정도는 의무적으로 대화거리를 만들어서 대화를 해야 합니다. 처음에는 어색하고 무슨 말부터 해야 할지 고민이 되지만 여러 번 하다보면 이야깃거리가 생겨 자연스러워집니다.

두 번째는 SNS를 통하여 학교 행사나 학급에서 하는 활동 등을 수시로 전해 드려야 합니다.

세 번째는 편지쓰기가 번거롭지만 분기별로 한 번씩은 고사 후에 학생의 성적을 분석해서 부족했던 과목을 알려주고 대화를 할 수 있도록 하여야 합니다.

넷째, 교사는 학부모와, 학부모는 교사와 같이 생각해야 합니다.

학교에서 교사는 우리 아이들을 지도할 때 내 자식과 같이 생각을 하고 지도를 해야 한다는 말을 많이 합니다.

학교에서 안전사고가 발생했을 때 어떻게 대처 했느냐에 따라 부모님들께서 느끼는 체감온도의 차이는 엄청날 것입니다.

학생수가 780여명이 넘는 큰 학교에서는 하루에 최소한 1건에서 3~4건의 안전사고가 발생합니다.

내 아이가 다쳤는데 아무런 대처를 하지 않고 방치를 해 두었다면 마음이 얼마나 아프겠습니까? 그래서 교사는 학부모와 같이 생각을 하시라고 주문을 합니다.

또한 우리가 가정에서 우리 자식들과 생활하면서 제일 중요한 것은 먹이는 것이 아닐까 생각합니다. 내 자식이 점심을 먹지 못했다면 얼마나 마음이 아플까요.?

반면에 저는 학부모님과 대화에서 부모님들께서는 학교에 오실 때 교문에 들어서면 부모 입장에서 선생님 입장으로 생각을 하시라고 합니다.

그래야 아이들의 모습을 정확히 볼 수가 있다고 말입니다.

가정에서의 생활과 학교에서의 생활에서 많은 차이가 나는 아이들이 있습니다. 가정에서는 모두 다 부모님 말씀을 잘 듣고 행동을 하지만 학교에서는 학급 친우들과의 관계, 선생님과의 관계, 선 · 후배 관계 등 다양하기 때문에 가정에서 찾아보지 못했던 아이의 행동을 볼 수 있기 때문이라고 말씀을 드립니다.

다섯째, 장소를 정하지 말고 일상에서의 대화가 필요합니다.

학교라는 공간은 등교시간부터 하교시간까지 적게는 7시간에서 많게는 9시간을 생활하는 곳입니다.

교실에서, 복도에서, 운동장에서, 식생활관에서, 학교 내 공터에서 등 아이들과 접할 수 있는 공간과 시간은 다양합니다.

이 다양한 공간과 시간을 선생님들께서 어떻게 활용하느냐가 중요합니다.

이와 같이 하다보면 우리 학생들은 선생님이 자신뿐만 아니라 엄마 · 아빠와도 소통이 잘 이루어지고 있다는 것을 느끼고 알게 되면 자연스럽게 선생님을 믿고 따를 수 밖에 없습니다

신뢰와 시행착오

아이들을 바라볼 때는 교사의 눈으로 보지 말고 아이들 눈으로 보아야 합니다. 아이들 속으로 들어가서 아이들과 함께 올라와야 합니다.

우리가 아이들 속으로 들어가기까지가 어려워서 그렇지 아이들 속으로 들어가서 즐기면 무엇을 생각하고 무엇을 하려고 하는지 알 수 있습니다.

아이들을 놓아두면 큰일이 일어날 것 같지만 그렇지 않습니다. 그냥 무조건 놓아주는 게 아니라 놓아주는 만큼 관심을 가져야 합니다.

지금은 자전거 옆에 보조바퀴를 달아서 넘어지지 않고 배울 수 있지만, 옛날에는 자전거를 배울 때 처음에는 뒤에서 잡고 따라가면서 밀어주다가 손을 놓으면 혼자 잘 가듯이 우리도 학교에서 아이들 속으로 들어가 신뢰하고 놓아두어 보았으면 합니다.

우리 아이들은 미래지향적 현재진행형입니다. 그래서 아이들을 볼 때 현재의 모습을 그대로 봐 주면서 방향만 제시를 해 주었으면 합니다.

우리는 아이들이 성장하도록 도와 주는 것이지 애완동물을 기르는 것이 아닙니다. 우리 아이들을 사랑하면 놓아주고 지켜보아야 합니다.

우리는 살아오면서 시행착오 속에 성장해 왔습니다. 그리고 학생시절에는 시행착오가 필요합니다. 시행착오를 함으로써 성장을 하여 어른이 되어서 올바른 길로 갈 수 있는 것입니다.

시행착오는 우리 아이들의 특권이라고 생각해 보면 어떨까요?

그러나 시행착오가 계속적으로 지속되어서는 안 되겠지요?

가장 좋은 학교는?

세계에서 가장 좋은 학교는 어떤 학교일까요?

전통이 있는 학교일까요?

아니면 명문대학교에 많이 들어가는 학교일까요?

저는 그렇게 생각하지 않습니다.

세계에서 가장 좋은 학교는 '가정학교' 라고 생각합니다.

우리 아이들은 어려서부터 가정에서 부모님한테 배우고 자랍니다. 서로 사랑하고, 서로 존중하고, 서로 배려하는 모습을 보면서 배우고 성장을 합니다.

가정학교의 교사는 부모님이고 학생은 자녀들입니다. 그 속에서 인성이라는 싹이 무럭무럭 자라나는 것입니다. 아이들의 의견을 존중해 주는 모습을 통해서 배우고, 바른 인품을 배우고, 사람 됨됨이를 배우는 것입니다.

인성교육이란 착한 사람을 만드는 것입니다. '착하다' 를 사전에서 찾아보면 '곱고 어질다' 라고 나와 있습니다. '어질다' 는 다른 뜻으로는 '너그럽고 덕행이 높다' 라고도 합니다. 즉 이 뜻을 풀이하면 '남에게 피해를 주지 않는 것' 이라는 말로, 바로 착한 것을 의미합니다.

착한 사람을 만들기 위한 인성교육은 최고의 가정학교에서 최고의 교사인 부모님한테서 배우는 교육이 최고의 교육이라 생각합니다. 그래서 최고의 학교는 가정학교가 아닌가 생각합니다.

인성

다산 정약용의 목민심서 홍학에 나오는 구절 중에

"옛날에 학교라고 부르는 곳에서는 예를 익히고 음악을 배웠는데 지금은 예도 파괴되고 음악도 무너져서 학교에서의 교육은 책읽기에 그칠 뿐이다." 라며 아이들의 버릇이 없어졌다고 적고 있습니다.

그 시절과 지금을 비교해도 별로 차이가 없는 것 같습니다.

인성이란 이론적으로 평가를 해서 얻어지는 게 아닙니다. 머릿속에서 생각을 해서 형성되는 것이 아니고 자연스럽게 좋은 습관을 행하는 것이 인성입니다.

사안이 발생하여 학교에 오신 학부모님들께 지금까지 아이와 여행을 몇 번이나 다니셨느냐? 가족끼리 영화를 몇 번이나 보셨느냐? 식사를 하면서 대화를 해보셨느냐? 아이들과 함께한 시간이 얼마나 되느냐? 등을 여쭤보면 많은 학부모님들께서 이러한 경험들이 거의 전무한 상태입니다. 그러다 사안이 발생하면 그때서야 아이와 함께 여행을 다녀와야겠다고 합니다.

인성을 가르치려면 우선 우뇌를 발달시켜야 합니다. 우뇌를 발달시키기 위해서는 감성이 일어나는 교육을 하여야 합니다.

가장 먼저 부모님과 밥상머리에서 대화를 하고, 아이와 직접 체험을 하고, 부모님과 함께 여행을 가고, 노래를 하고, 운동장에 나가서 움직임 활동을 하고, 친구들과 어울려서 놀이를 하면서 서로 몸과 몸을 부딪치면서 체성을 키워야 합니다.

그리고 자연과 함께하면서 마음을 건강하고 튼튼하게 만들어야 합니다. 이것이 인성교육의 기본입니다.

학교 교실 책상 앞에 앉아서 이론적으로 하는 인성교육은 시험보기 위한 도구에 불과합니다.

아이들의 생각이 바뀌어야 행동이 바뀌는 것이 아니라, 행동이 바뀌어야 생각이 바뀐다는 사실을 인지하고 아이들의 생각을 바꾸려고 하지 말고 행동을 바꾸어 주어야 합니다.

그게 즉 인성을 바로 잡는 교육이라 생각합니다.

창의력

창의력에 대하여 평생을 연구한 하버드대학의 하워드 가드너(Howard Gardner)는 우리 인간은 8가지 다중지능 능력을 가지고 있다는 다중지능이론을 제시하였습니다.

첫째, 사람은 누구나 말을 재미있게 하고 사람을 설득하는 힘이 있는 언어능력

둘째, 타고난 음정과 박자감으로 노래를 잘하거나 악기 연주를 잘하는 음악능력

셋째, 한번 숫자는 잊어버리지 않고 셈 계산이 빠른 논리수학능력

넷째, 자동차를 주차해도 한 번에 똑바로 세우고 한번 지나간 길은 사진 찍듯이 머릿속에 담는 공간인지능력

다섯째, 운동 신경이 뛰어나 공 잘 차고, 뜀 잘 뛰고, 구르기

도 잘하는 신체운동능력

여섯째, 성격이 좋아 사람 사귀기를 잘 해 처음 만난 사람도 금방 친구가 될 수 있는 인간친화능력

일곱째, 내면의 깊은 세계를 들여다보기 좋아해서 명상이나 기도를 할 수 있는 자기성찰능력

여덟째, 산, 강, 짐승을 좋아해서 자연 안에서 살아 숨쉬기를 좋아하는 자연친화능력입니다.

이렇듯 우리 인간들은 많은 지능능력을 가지고 있습니다. 저는 이 능력 앞에 개성이라는 말을 덧붙이고 싶습니다. 개성이란 각자가 가지고 있는 독특한 능력이며 개성은 창의력을 바탕으로 한 지능과 연관되어 형성되기 때문입니다. 개성을 어떻게 얼마나 극대화 시켜주느냐에 따라 창의성이 살아나고 그 창의성을 발휘하여 참된 경쟁력 속에서 살아남기 때문입니다.

한날 한시에 태어난 쌍둥이일지라도 사고와 행동이 다릅니다. 그런데 하물며 서로 다른 DNA를 가지고 태어난 사람들의 개성이 같을 수가 없습니다.

이러한 개성능력을 찾아주고 키워주는 역할은 부모님과 선생님들의 몫이라 생각합니다.

세상에서 가장 어려운 일 3가지

생텍쥐베리의 '어린왕자' 중 이런 구절이 나옵니다.

"세상에서 가장 어려운 일이 뭔지 아니?"

"흠 글쎄요.

돈 버는 일?

밥 먹는 일?"

"세상에서 가장 어려운 일은 사람이 사람의 마음을 얻는 일이란다. 각자의 얼굴만큼 다양한 각양각색의 마음은 순간에도 수만 가지의 생각이 떠오르는데, 그 바람 같은 마음을 머물게 한다는 건 정말 어려운 거란다."

이렇듯이 세상에서 가장 어려운 일은

첫 번째는 사람의 마음을 얻는 일

두 번째는 내 머릿속에 있는 생각을 다른 사람의 머릿속에 넣

어주는 일

세 번째는 다른 사람의 주머니에 있는 돈을 내 주머니로 가져오는 일이 아닐까 생각합니다.

학교에서는 많은 학생들에게 지식을 가르치면서 감성과 인성을 지도해야 하고, 학부모님들과는 대화를 통해 소통을 해야 합니다. 사람의 마음이 모두 나와 같지가 않기에 그 마음을 얻는 일이 가장 어렵지 않나 싶습니다.

내가 가지고 있는 생각과 지성 그리고 인성을 다른 사람 머릿속에 넣어주는 일도 매우 어렵습니다. 그래서 학교 선생님들께서 더더욱 힘이 들지 않을까 생각을 해 봅니다.

또한 살아가기 위해서는 경제적인 어려움이 없어야 하는데, 올바른 양심으로 범법행위를 저지르지 않고 돈을 번다는 것은 결코 쉽지 않으리라 생각합니다.

"세상에서 가장 어려운 게 뭔지 아니?"

"흠. 글쎄요. 돈버는 일? 밥먹는 일?"

"세상에서 가장 어려운 일은

사람이 사람의 마음을 얻는 일이란다"

휴지 줍기

교감선생님께서 부임하여 아침에 교내에 떨어져 있는 휴지를 줍기 시작하셨습니다.

처음에는 말씀을 드리지 않았는데 계속 휴지를 줍고 계시기에 고민을 하다 조심스레 교감선생님께 말씀을 드렸습니다.

교감선생님, 휴지나 쓰레기를 줍지 않으셨으면 좋겠습니다.

저는 선생님들께서 줍는 것보다는 우리 학생들이 버렸으면 학생들 자신들이 한 행동이기에 학생들 스스로 줍거나 청소를 해야한다는 생각입니다.

교육적인 측면에서도 자신이 저지른 잘못된 행동은 자신이 책임지는 사람을 만드는 게 우리가 지향해 나가야 하는 교육이 아닐까 생각합니다.

시간이 조금 걸리더라도 아이들이 버린 쓰레기는 아이들 스스로 줍고 청소할 수 있도록 했으면 한다고 말씀을 드렸습니다.

어느 학교 교장선생님께서 교육적인 차원에서 '내가 이렇게 쓰레기를 줍고 있으니 너희들이 보고 버리지 말고 주웠으면 하는 마음'으로 휴지를 줍고 다니셨다고 합니다.

그런데 하루는 휴지를 줍고 있는데 한 학생이 여기저기에 떨어져 있는 휴지를 손가락으로 가르키면서 "교장선생님 저기에도 휴지가 떨어져 있는데요." 하더랍니다. 이것은 아이들을 가르치기 위한 교육이 아니라고 생각합니다.

학생들 자신이 한 행동에 대해서는 자기 스스로 판단해서 결정하고 책임을 질 수 있는 사람이 될 수 있도록 교육이 이루어져야 한다고 생각합니다.

사랑, 고마움, 감사함

교장실 복도를 지나가면서 우리 아이들이 인사를 합니다.

선생님! 불러서

네! 그러면

사랑합니다.♡♡♡

하면서 손가락으로, 머리 위로 팔을 올려서, 손으로 하트를 만들어서 인사를 합니다. 그러면 저도 하트를 만들어서 응답을 해줍니다.

처음에는 어색하지만 자꾸 하다보면 아무렇지도 않게 이루어집니다.

경향신문 2017년 05월 20일, 김인국(천주교정의구현전국사제단대표)님의 '사유와 성찰' 이라는 제목의 컬럼에 좋은 말씀이 있어 소개합니다.

"고마움을 알아야 기쁨이 커지고 오래간다. 처음 스치는 옷깃이라도 반갑다고, 고맙다고 인사하자. 고맙다, 고미+ㅂ다. '고마'는 신(神)이다. '비+다', '~브다'는 같다. 비슷하다. 닮았다는 뜻이다. 그러니까 당신은 하느님을 닮으신 분, 하느님과 같으신 분이라는 말이다. 예수는 "나를 보았으면 하느님 아버지를 본 것"이라는 엄청난 소리를 했다. 우리라고 그런 이야기를 주고받지 못할 이유가 없다."

저는 우리가 지금까지 사용해왔던 고맙다는 말이 이렇게 엄청나게 좋은 말이라는 사실을 알게 되었습니다.

'사랑합니다. 고맙습니다. 감사합니다.'라는 말을 자주, 많이 사용하였으면 합니다.

너무 행복한 아침!

2017.12.22.(금)

오늘은 너무나 행복한 하루의 시작입니다.

왜냐구요? 출근을 해서 매일하는 아침인사를 하기 위해 본교무실부터 2층 학생부실 선생님들께 인사를 하고 3학년 교무실에서 생강차를 한잔하면서 선생님들과 대화를 하고 있는데 이순정 선생님께서 급히 오셨습니다.

1학년 학부모님께서 출근길에 교장선생님을 찾아뵙고 말씀드릴 사안이 있어서 본교무실에서 기다리고 계신다고 하니까 3학년 선생님들께서 모두 무슨 일이 있나? 걱정하는 눈빛으로 바라봅니다.

2층에서 내려오며 교장실로 모시고 오라 하니까 교무실로만 가셔야 한다고 해 가서보니 불이 꺼져 있고 풍선이 천정에 달려있고 조그마한 케익과 꽃바구니가 놓여 있었습니다.

아! 내일 모레가 내 생일인데 휴일과 겹쳐 있어서 선생님들께서 어떻게 아시고 준비를 하신 거 같았습니다.

“저는 여러 선생님들 생일을 찾아드리지도 못하였는데 너무 과분합니다.” 라고 말씀드리니 “무슨 말씀을 그렇게 하세요? 저희들은 날마다 교장선생님한테서 대접을 받고 있는데요.” 눈시울이 적셔집니다.

기분 좋고 너무 행복한 아침! 과한 대접을 받았습니다. 이 글을 쓰고 있는데 복도를 지나가는 학생들이 교장실과 복도에서 “교장선생님 생신 축하드려요.” 하면서 노래를 불러주고, 선생님들 뿐만 아니라 아이들의 축하까지 받으니 너무 행복한 아침입니다. 인생 추억의 장을 하나 더 만들어 주셔서 고맙습니다.

HAPPY
BIRTH DAY
THANKS For YOU
Happy Birthday
HAPPY Birthday
Happy Birthday!

하트 2개

월요일 7교시에 선생님 한 분께서 우리 학교 식용작물로 키우는 하트 모양으로 되어 있는 수련꽃잎을 유리컵에 담아서 주시면서 "교장선생님! 이게 무엇인지 아세요?" 그래서 제가 바라보고 있으니 선생님께서 "그 안에 있는 하트가 두 개인데 그것만 바라보세요." 하시네요.

지난주에 개학 전 며칠 동안 바쁘게 움직였습니다. 방학기간 동안 여러 가지 공사를 하다 보니 미처 마무리가 되지않아 방학을 연기해야 할 것인가? 고민을 많이 하다 개학 전날 밤 12시 넘어서까지 청소를 하고 개학을 했습니다.

이렇게 개학한 2학기, 이번 학기를 마치면 이제 37년을 몸담았던 교육계를 떠나 제2의 인생을 살아가야 합니다.

그래서인지 선생님들께서 저한테 더 많은 관심을 가지고 대해 주셔서 고맙고 감사합니다.

전번에는 우리 학교 화단에 피어 있는 풀꽃을 담아서 주시더니 이번에는 하트를 주십니다.

따뜻하고 진솔한 마음을 가지고 계시는 선생님들 곁을 몇 개월 후에 떠나야 한다는 생각을 하니 마음이 허전해집니다.

도덕적이시네요

점심시간 교실을 순회하기 위해 1관에서 2관으로 가고 있는데 우리 1학년 아이들이 선생님! 불러서 바라보니 사진 찍어 주세요. 그리고 밴드에 올려 주세요. 그러네요.

그래요. 이쪽을 예쁘게 보세요.

그러면서 하나, 둘, 셋 한 컷!

그러는데 한 학생이 생각지도 않았던 말을 하네요.

"선생님은 착하십니다."

그래서 제가 하하하 웃으니까 옆에 있던 학생이

"야! 어른한테는 착하다고 안 하는 거야."

그러니까 그 학생이 바로

"그럼 도덕적이시네요."

와! 대박!

웃음이 빵 터져 한바탕 웃었습니다.

이러한 기쁨과 즐거움이 학교생활을 하는데 활력소가 되고 있습니다.

아이들을 뒤로 하고 걸어가면서 생각을 해보았습니다.

'우리 아이들이 나를 바라보는 저 순수한 마음만큼 나는 아이들을 위해 잘하고 있는가?'

그리고 과연 '내가 도덕적인 사람인가' 다시 한 번 생각을 해볼 수가 있었습니다.

마이쮸?

마이쮸가 무엇일까요?

점심시간에 순회를 하고 교장실에 돌아와 업무를 보고 있는데 2학년 여학생 2명이 복도를 지나가면서 큰소리로 "마이쮸 어디 있니?" 하면서 교장실에 들어와 "마이쮸 너 냉장고 안에 있니?" 냉장고에 입과 귀를 대고 대화를 하고 있네요.

그래서 냉장고 앞으로 가서 제가 "마이쮸 너 거기 있니?" 하면서 냉장고를 열어 마이쮸 과자를 내어서 몇 개씩 주었더니 "마이쮸 잘 있어요. 담에 또 올 때까지 기다리고 있어요." 하면서 즐거운 마음으로 교장실 문을 나섭니다.

우리 아이들은 거리낌 없이 교장실을 드나듭니다. 그리고 저는 이러한 아이들이 반갑고 예쁩니다.

마이쮸
바나나
마이쮸
포도 사과

화장실 1

선생님! 여학생 한 명이 복도 유리창에서 부르네요.

오야!

드릴 말씀이 있습니다.

무슨 말인데요?

제가요. 체육시간에 결과처리 받았어요.

왜 그랬는데요?

친구가 똥을 싸러 갔는데 화장지가 없어가지고 화장지 갔다가 주고 왔는데 늦었다고 결과처리 한대요.

그랬어요?

그러면 체육 선생님한테 사실대로 말씀 드리지 그랬어요?

그렇게 말씀 드렸는데 안 된다고 그랬어요.

그래요. 그래도 다시 한 번 더 가서 말씀을 드려 보세요.

왜 그러느냐면 너희들이 고등학교에 진학할 때는 시험을 보지 않고 내신 성적으로만 가기 때문에 규정대로 엄격하게 해야 하기 때문에 그래요.

그리고 다른 학생들과 형평성을 유지해야 하기 때문에 선생님이 그랬을 거예요.

다음부터는 담당 선생님한테 먼저 말씀드리고 화장지를 가져다 주세요. 알았지요?

네!(물론 결과처리는 취소했구요.)

화장실 2

선생님!

여학생 한 명은 배를 움켜쥐고 한 명은 같이 와서 부르네요.

오야! 어디 아파요?

선생님 물휴지 있으세요.

있는데 어디에 쓰게요?

얘가요. 똥이 마려워서 화장실에 가려고 그러는데

물휴지가 없어서 가지 못하고 이러고 있어요.

그래요.

그럼 빨리 오세요.

물휴지 줄게요.

네!

다음에 또 휴지 없이 똥이 마려우면 선생님한테 오세요.

알았지요?

네! 선생님

똥이 마려우면 올게요.

감사합니다.

이렇게 스스럼없이 다가오는 우리아이들이 예쁘지 않은가요?

정情

정이란!

사랑이나 친근감을 느끼게 하는 마음이나

느끼어 일어나는 마음이라 합니다.

마음이 즐거울 때

마음이 힘들 때

마음이 슬플 때

마음이 기쁠 때

마음이 아플 때

마음이 어려울 때

진솔한 마음을 진솔하게 받아주는 사람

꾸밈없이 받아주는 사람

이러한 정이 깊어갈 때

정(情)

정이란!
사랑이나 친근감을 느끼게 하는 마음이나
느끼어 일어나는 마음이라 합니다.
마음이 즐거울 때,
마음이 힘들때,
마음이 슬플때,
마음이 기쁠때,
마음이 아플때,
마음이 어려울 때,
진솔한 마음을 진솔하게 받아주는 사람,
꾸밈없이 받아주는 사람,
이러한 정이 깊어 갈 때
우리의 마음도 깊어지고 튼튼해집니다.

참!
"정(情)이 많은 친구야" 라는 소리를 듣는
그러한 사람이 되었으면 합니다

- 군산 진포중학교장 윤준호 -

우리의 마음도 깊어지고 튼튼해집니다.

"참! 정(情)이 많은 친구야." 라는 소리를 듣는

그러한 사람이 되었으면 합니다.

2016년도 졸업생 앨범 인사말 중에서

선생님 좋아요!

조회대 옆 메타세쿼이아 나무 옆을 지나가는데 학생들이 모여 있다가 부르네요.

"선생님

네! 왜요?

선생님 좋아요

뭐가요?

좋은 게 있어요.

그래요. 말해 봐요.

첫째는요. 저희들이 봐 왔던 교장선생님들은 교장실 문을 닫고 일을 보시는데 창문을 열어놓고 저희들을 늘 봐주셔서 좋아요.

그래요. 그럼 다른 것은요?

다른 교장 선생님들은 양복 입고 넥타이 매시고 뒷짐지고 돌아다니시는데 선생님은 그렇지 않아서 좋아요."

저는 봄, 여름, 가을, 겨울 일 년 동안 교장실 양쪽 창문을 항상 활짝 열어놓고 아이들과 소통을 하고 있습니다.

그리고 저는 행사가 있을 때 외에는 양복을 잘 입지 않고 환하고 밝은 색의 옷을 주로 입고 출근을 합니다. 너무나 칙칙하고 어두운 색보다는 밝고 환한 색의 옷을 입어서 우리 학생들의 마음이 더 밝아졌으면 하는 마음으로 입고 다닙니다.

그게 우리 아이들이 봤을 때는 좋아 보였던 것 같습니다.

그러다 보니 우리 학교 선생님들의 옷 색깔도 많이 밝아지고 학교 전체가 사계절 꽃과 함께 환해졌습니다.

이렇게 우리 아이들의 마음도 밝고 아름다운 마음이 계속 지속되기를 바랍니다.

바람

너 메시지와 나 메시지

너 때문이야!

우리는 흔히 어떤 사안이 발생하면 그것을 알려서 해결을 하려고 하지 않고 어떻게 하면 알리지 않고 해결을 해볼까 먼저 생각을 합니다. 그리고 모든 것이 상대방 때문에 일어났다고 상대방 탓으로 돌립니다. 이것이 너 메시지입니다. "너는 이래서 안 된다. 너는 왜 그렇게 밖에 못하니?" 등

그러나 나 메시지는 "나는 이렇게 생각하는데 너는 어떻게 생각하니?" 또는 "나는 ㅇㅇ때문에 마음이 많이 아프고 속이 상해요. 너라면 어떻게 하겠니?" "여러분들이 이렇게 행동을 하니 마음이 아파요." 라고 내가 가지고 있는 생각을 상대방에게 전달해서 상대방이 스스로 인정

하고 찾아서 행동할 수 있도록 하는 것입니다.

아이들과 대화를 하면서 너 메시지가 아닌 나 메시지를 통해서 대화를 했으면 합니다.

– 선생님 · 학부모님들과 대화 중에서 –

사랑, 존중, 칭찬, 배려

사랑을 받고 자란 아이는 남을 사랑할 줄 알고, 존중을 받고 자란 아이는 남을 존중할 줄 알고, 칭찬을 받고 자란 아이는 남을 칭찬하고 배려할 줄 아는 사람이 됩니다.

인간은 동물과 다르게 태어나서 걸을 수 있기까지 시간이 걸립니다. 동물은 뇌보다는 생존해야 하기 때문에 5분~4시간이면 바로 걸을 수 있습니다. 이것은 오로지 살아남기 위한 방법입니다.

그러나 인간은 1년 이상이 되어야 걸을 수 있습니다.

이것은 그 기간 동안 뇌를 발달시켜(인간 휴머니즘) 주기 위해서입니다. 뇌를 발달시켜 생각하고 움직일 수 있도록 하기 위함입니다.

이렇듯 우리 인간만이 할 수 있는 사랑, 존중, 칭찬, 배려는

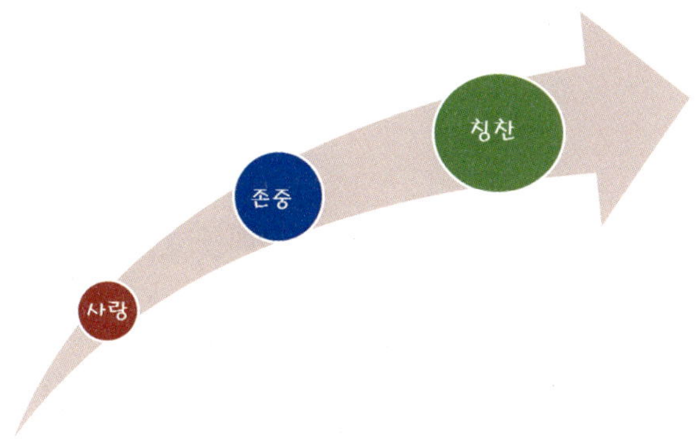

상대방으로부터 행복, 열정, 자부심 등 좋은 감정들을 이끌어 내는 강력한 수단이 되기도 합니다.

독일의 낭만주의의 대표적인 서정시인인 '막스 밀러'는 "칭찬이라는 것은 배워야 할 예술이다"라고 하였습니다.

– 선생님 · 학부모님들과 대화 중에서 –

존중, 자유, 결정

후배는 선배를 존경하고, 선배는 후배를 존중해 주고. 학생은 선생님을 존경하고, 선생님은 학생들을 존중해 주어야 합니다. 또한 가정에서도 사회에서도 마찬가지라 생각합니다.

아파트단지에서나 공공장소에서 학생들이 담배를 피우고 있으면 존칭어를 써 불러 주고 꾸중을 하면 바로 "죄송합니다" 하지만 반말을 하면서 꾸중을 하면 곧바로 위아래로 쳐다봅니다.

서로 존중할 줄 아는 학생이 남을 존중하는 존엄한 사람이 되고, 자유로운 학생이 자유로운 발상으로 창의력을 향상시키며, 스스로 결정하고 실천할 수 있는 학생이 우리 나라와 세계

를 지배할 수 있는 참된 경쟁력을 갖는 것입니다.

우리 학생들이 존중할 줄 알고 자유롭게 발상하고 참된 경쟁력을 가질 수 있도록 교육을 시켜야 할 것입니다.

– 학급별 특강 내용 중에서 –

들을 청聽

'성공하는 사람들의 7가지 습관'의 저자이자 경영학자인 스티븐 코비는 "성공한 사람과 그렇지 못한 사람의 대화 습관에는 뚜렷한 차이가 있다. 그 차이를 단 하나만 들라고 한다면, 나는 주저 없이 '경청하는 습관'을 들 것이다."라고 하였습니다.

인간관계의 시작은 경청이라고 합니다. 대화에서 가장 기본인 경청하는 습관, 남의 말을 들어주는 것은 모든 사람들이 가져야 할 중요한 습관입니다.

친구와의 대화에서 친구의 말을 들어주는 아이는 친구들이 상담도 많이 하러 오고, 친구도 많고, 대인관계가 많이 형성됩니다.

부모님과의 대화에서도 어린 자식이 말을 하려고 하는데 중간에 막아버린다면 어린 자녀들은 부모님과 대화를 꺼려하는 것은 물론 대화의 상대로 생각하지 않습니다.

선생님과 대화도 열린 마인드와 아이들 눈높이에 맞추어서 대화를 들어주면서 생활을 하다보면 학생들도 자연스럽게 접근해올 뿐더러 친구와 같이 상담을 하러 찾아오리라 확신합니다.

耳 : 상대방의 말에 귀를 기울이고

王 : 요지를 잘 파악하고

十 : 열개의

目 : 눈으로 상대를 집중해 바라보며

心 : 상대의 마음과

一 : 하나가 되도록 하자.

이 여섯 개의 한자가 조합을 해서 만들어진 聽.

– 학급별 특강 내용 중에서 –

대화의 장으로

학교전체를 대화의 장으로 마련하려면 우선 학생들을 어떤 방법으로 대화의 장에 참여시킬 것인가 생각을 해봐야 합니다.

아이들끼리 식사를 하면서 대화를 할 수 있도록 해주고, 점심시간이나 방과 후에 자기 취미활동을 하면서 대화를 할 수 있도록 마련해 주어야 합니다. 그렇게 하기 위해서는 좋아하는 것 최소한 3가지는 할 수 있도록 만들어 줄 필요성이 있습니다.

혼자서, 둘이서, 여러명이 함께할 수 있는 놀이나 게임 등을 가정과 학교에서 가르쳐야 합니다. 이렇게 자기 취미활동을 인원 수에 맞게 놀이 활동을 하다보면 자기활동이 활발해집니다.

또한 서로 칭찬하고 격려하는 습관을 가질 수 있도록 해주어야 합니다. 칭찬은 고래를 춤추게 하고, 격려는 귀로 먹는 보약이라고 했습니다. 서로 칭찬과 격려를 많이 할수록 우리

아이들이 자신감을 가지고 생활할 것입니다.

그리고 서로 인정하는 인정반응법을 가르쳐 주어야 합니다. '그래! 그랬어! 그랬구나! 그렇지!' 등 상대방을 인정해 주고 고개를 끄덕끄덕하는 인정반응법을 우리 아이들이 서로 할 수 있도록 가르치면 친구와 친구끼리 유대관계가 더욱더 좋아져서 학교생활을 하는데 많은 도움이 되리라 생각합니다.

– 선생님 · 학부모님들과 대화 중에서 –

이겨와 이해

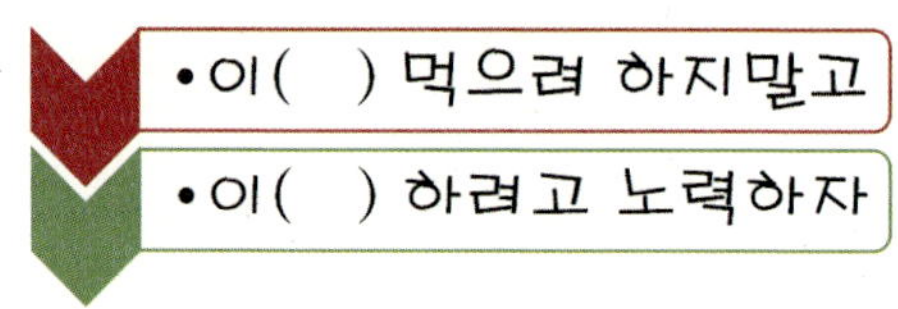

각 학급별 특강을 들어가 이 내용을 비추면서 ( )안에 무엇이 들어가야 할까요?

전년도에는 아이들이 이(밥) 먹으려 하지 말고, 하면서 주춤주춤했습니다만 이제는 질문을 하면 '이겨 먹으려 하지 말고, 이해하려고 노력하자' 라고 바로 응답을 합니다.

우리는 흔히 아이들이나 어른들이나 장난을 하거나 대화를 하면서 이겨 먹으려 합니다.

다투거나 싸우거나 해도 "맞고 오지 말고 때리고 오지 그랬느냐."고 하는 부모님들도 있습니다.

이제는 이겨 먹으려 하지 말고, 이해하려고 노력하라고 가르쳤으면 합니다.

– 학급별 특강 내용 중에서 –

관계형성

우리가 아이들과 대화를 하기 위해서는 순서가 있습니다. 먼저 좋아하고, 마음의 문을 열어서 아이들이 선생님을 믿을 수 있도록 해야 합니다.

그러면 그때서야 아이들이 다가와서 대화가 이루어집니다. 이게 바로 소통입니다. 소통을 하다보면 서로 공감을 하게 되고 '선생님이 진심으로 자신을 사랑으로 대하고 있구나.' 하는 생각을 할 것입니다.

첫째, 좋아한다는 마음으로 다가서자

좋아하는 감정은 쌍방이 동시에 좋아하는 사랑으로 이루어지는 경우가 있지만, 일방향으로 먼저 좋아하면서 사랑으로 이루어지는 경우가 많습니다. 속담에 웃는 얼굴에 침 못 뱉듯이 먼저 좋아한다고 다가서는데 뒤로 빼는 학생은 없을 것입

니다. 우리 국어사전에 '좋아하다'는 '어떤 사람이 다른 사람을 애틋한 감정을 가지고 아끼고 위하거나 친하게 여기다.'라고 나와 있습니다.

내가 너를 좋아하니까 우리 친하게 지내보자는 메시지를 먼저 보내야 합니다. 좋아한다는 표현이 가장 기본이라 생각을 합니다.

둘째, 마음의 문을 먼저 열자

마음의 문을 먼저 열어보라. 일단은 나는 너와 친해지고 싶다는 의사표현을 학생에게 눈과 마음으로 전달해야 합니다.

내가 먼저 열고 있다는 것을 아이들이 느껴야 합니다. 그래야 학생이 진심으로 다가서기 때문입니다.

셋째, 아이들을 믿어보자

마음의 문을 열고 아이들을 바라보면 아이들이 예뻐 보이고 아이들을 믿게 됩니다. 아이들을 믿다 보면 하는 일마다 미더워 보이고 신뢰가 가는 것이지요. 서로 신뢰가 이루어지면 어깨를 툭 치더라도 "선생님~~~" 하지만 서로 신뢰가 없으면 바로 "왜! 때려요." 합니다. 그러면 야! 임마 어쩌구 저쩌구 하다보면 서로 감정이 앞서 불상사가 일어나는 것입니다. 감정이 앞선 행동은 서로 믿음이 없다는 것입니다.

넷째, 대화를 나누자

언어는 사고의 반영이고, 감정의 표출 수단이라고 하였습니다. 아이들을 믿다보면 아이들과 자연스럽게 많은 대화가 이루어지고, 아이들이 다가오고 무언가 자기의사를 전달하려 하고, 아는 체 하고, 저 멀리서도 밝게 인사하면서 다가옵니다. 일방적인 대화는 없습니다. 쌍방이 이루어져 서로 공감을 형성하여야 합니다. 일방적인 대화는 대화가 아니고 지시입니다.

다섯째, 소통을 하자

베푸는 것이 최고의 소통이다(Giving is the best Communication) 라는 말이 있습니다. 베풀고 이해하는 마음으로 대화를 한다면 자연적으로 소통이 되는 것입니다. 이러한 것이 소통이지 말 자체대로 소통이라는 글자만 쓰는 게 아니고 아이들과 즐겁고 재미있는 단계가 이루어지는 것입니다. 아이들 속으로 들어가서 아이들과 함께 올라오는 것이 요즈음 시대의 교육이라 생각합니다. 목표를 설정해 놓고 거기까지 잡아끌어 당기면서 누가 먼저 올래가 아니고, 동행해서 목표를 달성하는 것이 중요하다고 생각합니다.

여섯째, 사랑해 주자

내가 진정으로 우리 아이들을 내 자식과 같이 사랑하고 있는가? 가슴에 손을 얹고 생각해 보십시오, 아이들을 예뻐해 보십시오, 아무리 안 좋은 짓을 하더라도 예뻐 보입니다. 그게 우리 선생님들과 학부모님들이 가져야 할 진정한 사랑이 아닌가 생각합니다. .

– 선생님 · 학부모님들과 대화 중에서 –

생각이란?

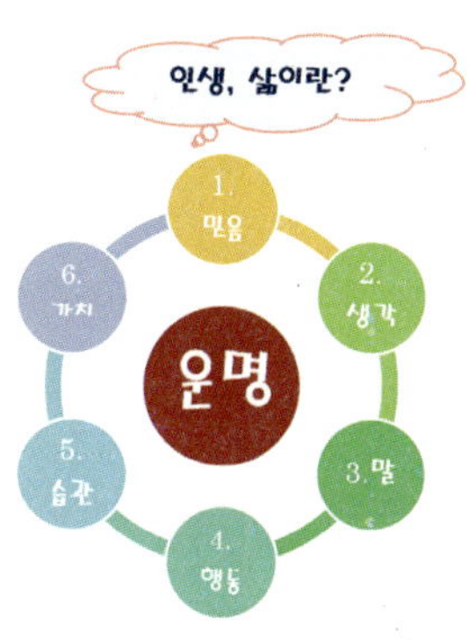

어떠한 믿음을 갖느냐에 따라서 어떤 생각을 하고, 어떠한 생각을 하는가가 말을 만들고, 어떠한 말을 하는가가 행동이 되며, 그 반복된 행동이 습관이 되고, 그 습관이 자기 가치가 되며, 그게 바로 자기운명이 되고 삶이 되는 것입니다.

생각이란 인지, 계산, 인식능력과는 다릅니다. 주어진 과제를 해결하거나 논리에 따라 결과물을 도출하는 정신능력을 말하는 것입니다. 또한 생각이란 답을 내는 과정이라기보다는 오히려 문제를 발견하는 능력입니다.

새롭고 창의적인 생각으로 자기운명과 삶을 행복하게 만들어 나가야 합니다.

– 학급별 특강 내용 중에서 –

25년 후

하버드대학교 학생들을 대상으로 한 '꿈(목표)이 인생에 미치는 영향'에서 IQ, 환경, 학력 등 비슷한 집단을 25년 후에 연구한 결과입이다. 명확하고 장기적인 목표를 가졌던 3%의 학생들은 각계 각층에서 최고의 인사가 되어 있었고, 목표가 있지만 단기적인 목표를 가졌던 10%의 학생들은 중상위층, 안정된 사회 전반에 없어서는 안 될 전문가들 의사, 변호사, 건축가, 기업가, 교육자 등으로 생활기반을 구축하여 살고 있었고, 목표가 희미했던 60%의 학생들은 중하위층에 머물러 있으면서 안정된 생활은 하고 있었지만 10%에 비해 성과가 없었다고 합니다.

그리고 나머지 목표가 없었던 27%의 학생들은 최하위 수준으로 살고 있으면서 직장이 없거나 실직이 반복되고 있었고

꿈(목표)이 인생에 미치는 영향

(하버드대학생 대상, IQ, 환경, 학력 등 비슷한 집단의 25년 후의 모습)

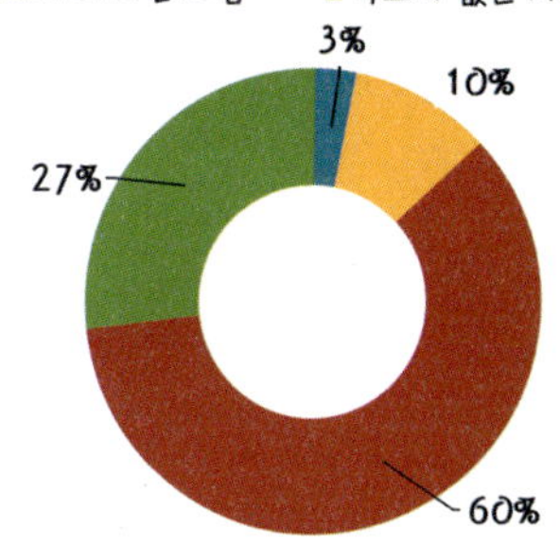

남과 사회만 원망하는 사람으로 되어 있었다고 합니다.

여러분은 어떤 길을 택하시겠습니까?

– 학급별 특강 내용 중에서 –

꿈

우리들의 꿈은 먼 곳에 있는 것이 아니고 어려운 것도 아닙니다.

목표를 달력에 적어 놓으면 그게 목표가 되고, 그 목표를 세부적으로 나누어 놓으면 그게 계획이 되며, 그 계획을 실행에 옮기면 현실이 되면서 꿈을 이루게 됩니다.

꿈은 본인 스스로 가지는 것이지 다른 사람이 만들어 주는 것이 아닙니다. 그리고 그 꿈은 멀리 있지 않습니다. 항상 내 곁에서 기다리고 있습니다. 기다리고 있는 그 꿈을 찾아 가야 합니다. 그러면 반가이 맞아 줄 겁니다.

Dream is nowhere(꿈은 어느 곳에도 없다.)

띄어쓰기 하나로 이렇게 바뀝니다.

Dream is now here(꿈은 바로 여기에 있다.)

- 학급별 특강 내용 중에서-

성공이란?

성공이란?

'자신이 잘하고 좋아하는 일을 하면서 경제적으로 독립해서 생활하는 것' 이 아닐까 생각해 봅니다.

잘 하는 것과 좋아 하는 것을 동시에 함께하면서 독립해서 생활을 하면 이것과 같이 성공적인 삶은 없을 것입니다. 그러나 경제적으로 독립하지 못했다면 주변사람들에게 폐를 끼치는 실패한 삶입니다.

잘하는 일로 돈을 벌어 경제적으로 독립을 하고, 좋아하는 것으로 취미생활을 하면서 즐기면서 생활을 하였으면 합니다. 이렇게 성공하기 위해서는 우리가 갖추어야 할 몇 가지가 있습니다.

우선 공부를 해야 합니다. 이론적으로 먼저 알아야 합니다.

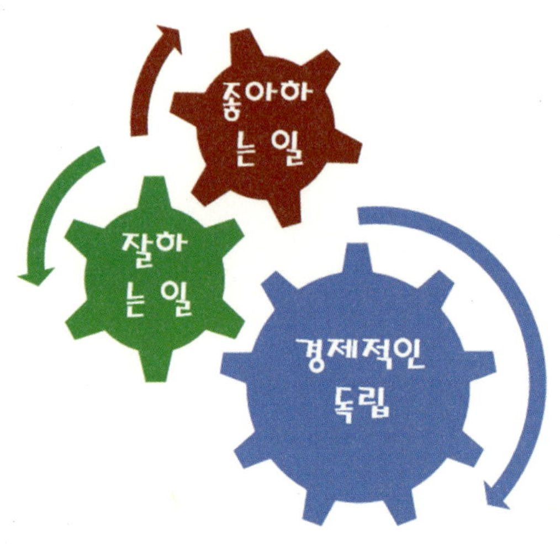

경험보다는 철학이 먼저이고, 지식을 많이 쌓음으로써 생각이 경험으로 살아나는 것입니다.

둘째는 실천으로 옮겨야 합니다. 이론만 앞세우고 행동으로 실행을 하지 않으면 목표를 달성하기 어렵습니다. 듣고, 보고, 기억하고, 실천으로 행해야만 이해를 하게 됩니다.

이 말은 경험하고 실천함으로써 이해가 되고 경험과 실천을 하지 않으면 내지식과 지혜가 될 수 없다는 것입니다.

셋째는 꾸준하게 인내심을 가지고 노력을 해야 한다는 것입니다. 기회가 올 때까지 인내심을 가지고 기다리면서 준비를 해야 합니다.

인디언들이 기우제를 지내면 반드시 비가 온다고 합니다.

왜 그럴까요?

인내심을 가지고 비가 올 때까지 기우제를 지내기 때문입니다.

운은 찾아오는 것이고 행운은 내가 만들어 가는 것입니다.

행운이 올 때까지 기다리고 준비를 해야 합니다. 준비한 사람만이 행운을 내 것으로 만들 수가 있습니다.

– 학급별 특강 내용 중에서 –

5그 법칙

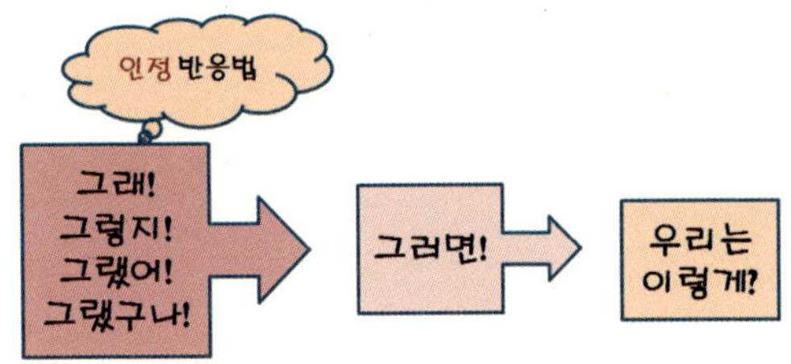

저는 이 5그 법칙을 많이 선호하고 사용합니다.

어떻게 하면 아이들의 의견과 말을 존중해 주면서 긍정적인 사고를 기를 수 있도록 말을 잘 들어줄 수 있을까? 고민을 하다가 찾아 낸 단어가 5그 법칙입니다.

그래!

그렇지!

그랬어!

그랬구나!

그러면!

우리는 어떻게 하면 좋을까?

아니면 우리는 이렇게 해보면 어떨까?

긍정적인 사고를 가지고 긍정적으로 받아들이는 사람은 발전할 가능성이 많이 있습니다.

아이들과 대화를 하기 위해서는 인정반응법이 필요조건이라고 생각합니다. 대화를 하면서 중간에 끼어들어 말을 중단시키면 다시는 대화를 하려고 하지 않습니다. 고개를 끄덕끄덕 인정반응법으로 추임새를 해주면 우리 아이들은 자기를 신뢰하고 있다는 생각을 하기 때문에 믿고 따라옵니다.

– 선생님 · 학부모님과의 대화 중에서 –

당신은?

몇 년 전 공익광고협의회에서 TV에 자녀교육에 대한 홍보를 했던 내용입니다. 우리가 한번 가슴깊이 새겨보면서 나는 아이의 부모로서 어떠한 사람인가 되짚어 봐야 하겠습니다. 제가 특강을 들어가서 아이들에게 학원에 다니는 학생들과 하루에 몇 과목을 다니는지 조사를 해보면 우리 아이들이 너무나 혹사를 당하고 있다는 것을 알 수 있었습니다.

학생들 90% 이상이 학원을 다니고, 70% 이상이 두 과목 이상을 다니고 있었습니다.

당신은?

부모입니까?

학부모입니까?

– 학부모님들과 대화 중에서 –

당신은? …

부모입니까?
학부모입니까?

부모는 학부모는	• '멀리 보라' 하고 • '앞만 보라' 합니다.
부모는 학부모는	• '함께 가라' 하고 • '앞서 가라' 합니다.
부모는 학부모는	• '꿈을 꾸라' 하고 • '꿈을 꿀 시간'을 주지 않습니다.

사랑인가 애착인가

많은 부모님들은 우리 아이들이 잘 되기를 원합니다.

그런데 잘 되기를 바라면서 어떤 길이 바른 길인가를 알면서도 행동으로 옮기기는 쉽지 않은 것 같습니다.

부모님들의 마음이 어디에 있느냐가 중요합니다.

'사랑' 과 '애착'

'사랑' 은 아이들의 성장을 도와주는 것이고

'애착' 은 아이들을 나와 동일시하는 것입니다.

많은 부모님들은 자녀들이 부모가 생각하고 원하는 삶을 살아주기를 바라며 부모의 자존심과 자녀의 성적을 동일시함과 동시에 과대평가를 하는 현상이 많이 있습니다.

이것은 애착입니다.

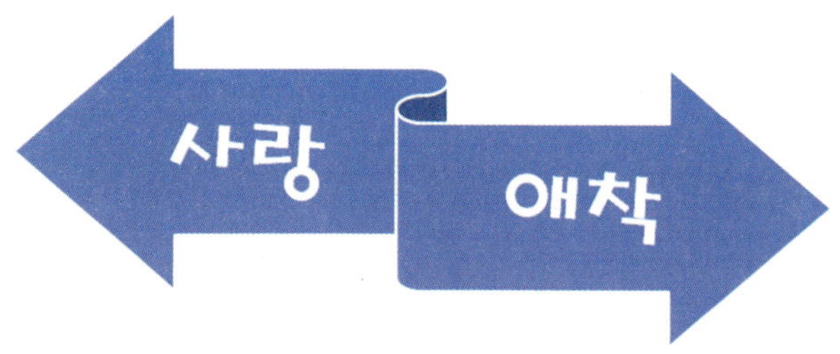

우선 부모님들은 내 아이가 무조건 천재라고 생각하는 과대 평가에서 벗어나 냉정하게 평가해야 우리 아이들이 올바르게 성장할 수 있도록 도와줄 수 있습니다.

이것이 즉 사랑입니다.

– 학부모님들과 대화 중에서 –

채움과 비움

인생은 채움과 비움, 비움과 채움의 반복이라고 합니다.

이 채움 속에 무엇을 채우느냐에 따라 그 가치가 달라집니다.

우리 주변에는 빈병의 종류가 많이 있습니다. 이 빈병 속에 무엇을 담느냐에 따라서 병의 쓰임새와 명칭 그리고 값어치도 달라집니다.

꽃을 담으면 꽃병이 될 것이고, 약을 담아 놓으면 약병이 될 것이고, 술을 담아 놓으면 술병이 될 것이고, 물을 담아 놓으면 물병이 될 것입니다.

또한 마음에 화를 담아 놓으면 홧병이 커져 건강을 해칠 수 있습니다.

우리 아이들은 마음의 병에 어떤 것을 담으려고 할까요?

부모님과 선생님들께서는 어떤 것을 채워주고, 어떤 것을

비워주고 싶으십니까?

감(感)성을 채워주시겠습니까?

인(仁)성을 채워주시겠습니까?

지(知)성을 채워주시겠습니까?

체(体)성을 채워주시겠습니까?

– 선생님 · 학부모님과의 대화 중에서 –

말은 인격

소크라테스는 "말은 그의 인생과 같다"라고 하였습니다.

말은 마음의 초상이요, 행동의 거울입니다.

'말'을 늘려서 발음하면 '마알'이 됩니다. '마알'을 풀이하면 '마음의 알갱이'라는 뜻입니다. 말은 마음의 알갱이에서 나온 말이라고 합니다.

그러므로 말이란 마음을 쓰는 행위입니다. 우리 조상들은 항상 세 치 혀를 조심하라고 했습니다. 그래서 하느님은 혀 앞에 돌담(이)을 쌓았고, 그것도 믿지 못해서 흙담(입술)을 쌓았다고 합니다.

누가복음 6장 45절에 '말을 곱게 쓰는 사람은 마음을 곱게 쓰는 사람이다. 반대로 말을 험하게 쓰는 사람은 마음을 험하게 쓰는 사람이다.'라고 하였습니다.

독일의 철학자 하이데거는 '언어는 존재의 집' 이라고 하였습니다. 말은 존재이고, 말은 나 자신인 것입니다. 말은 자신의 존재 전체가 드러나는 거울입니다. 말은 나의 모든 것이기도 합니다.

그리고 곱고 아름다운 말은 긍정적인 에너지를 만들어 냅니다.

말은 그 사람의 인격입니다. 말을 한번 내뱉으면 주워 담을 수가 없습니다. 말을 한 번 할 때마다 생각해 보고 했으면 합니다.

– 학급별 특강 내용 중에서 –

고이

일본의 관상어 중에는 '고이' 라는 물고기가 있다고 합니다.

이 물고기는 작은 어항에 넣어 놓으면 5~8cm정도 자라고, 수족관에 넣어놓으면 15~25cm까지 자라며, 강물에 풀어놓으면 90~120cm까지 큰다고 합니다.

우리 아이들은 아직도 자라고 성장하고 있습니다. 태어나면서부터 성공할 사람과 실패할 사람이 정해져 있지 않습니다. 또한 운명도 정해져 있는 것이 아닙니다. 사람은 누구나 최선을 다해서 노력을 한다면 자신도 놀랄 만큼 모두 다 능력을 가지고 있습니다.

고이 물고기도 자신이 그러한 능력을 가지고 있는지 작은 어항 속에 있을 때는 몰랐을 것입니다. 영원히 작은 어항과 같은 속에서 아무런 노력과 희망 없이 머무른다면 그 속에 안착

을 하고 있을 것이며, 더 넓은 수족관과 그 보다 더 큰 강물로 나아가 자신을 발전시킨다면 그 큰 강물 속에서 살 것입니다.

더 큰 날개로 더 큰 꿈을 펼 수 있도록 만들어 주는 것이 선생님과 부모님들의 몫이라고 생각합니다.

– 선생님 · 학부모님과의 대화 중에서 –

지금 시작은!

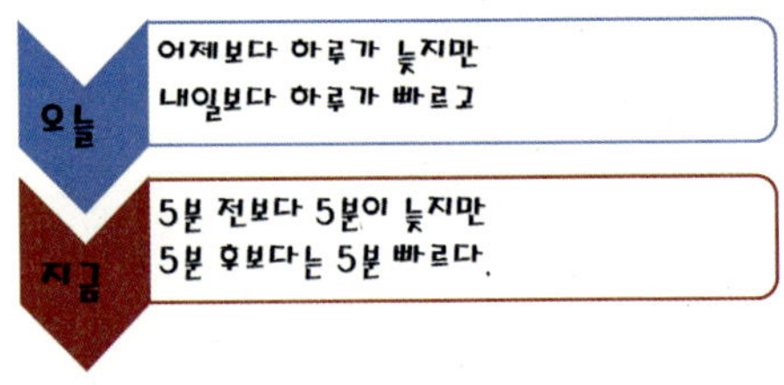

어떠한 일을 시작하고자 할 때
망설이면서 시작을 하는 사람이 있고
망설임 없이 시작하는 사람이 있습니다.
주저하지 말고 망설이지 말고 일을 시작하시기 바랍니다.

사랑하는 사람이 있어 고백하고 싶을 때
건강을 위해서 운동을 하고 싶을 때
더 많은 지식을 얻기 위해 진학하고 싶을 때
여행을 하여 견문을 높이고 싶을 때

책을 읽어 마음의 지식을 쌓고 싶을 때
친구와 다투어 화해를 하고 싶을 때
존경하는 사람에게 감사의 표시를 하고 싶을 때
나만의 참된 신앙을 가지고 싶을 때
어떤 단체에 참여하여 변화를 주고 싶을 때 등

마음속으로만 가지고 있으면서 실행에 옮기기가 나서지지 않고 마음의 동요가 일어나 망설여질 때는 주저하지 말고 시작하시기 바랍니다.

학생들은 어떠한 일을 시작하면서 미루는 학생이 있는가 하면 이미 때가 늦어서 하지 않으려고 하는 학생들이 많이 있습니다. 늦지 않았습니다.

오늘 시작은 어제보다 하루가 늦지만 내일보다 하루가 빠르고 지금 시작은 5분 전보다 늦지만 5분 후보다 빠릅니다.

미루지 마시고 시작하십시오.

– 학급별 특강 내용 중에서 –

나는, 곧 우리

인류학자가 아프리카의 부족 아이들에게 바구니에 과일을 가득히 담아가지고 저 쪽에서 내 신호에 맞추어 제일 먼저 도착한 사람에게 이 바구니에 있는 과일을 모두 주겠다고 하고 출발을 시켰습니다.

그런데 아이들의 반응은 의외였습니다. 우리 같으면 열심히 달려서 과일을 차지하였을 텐데 아이들은 모두 다 함께 손잡고 들어왔다고 합니다.

그래서 아이들에게 "한 명이 일찍 들어오면 전부 받을 수 있었을 텐데 어째서 그렇게 함께 들어 왔지요?" 질문을 하니 아이들은 "우분트"라고 응답을 하면서 "다른 사람이 모두 슬픈데 어떻게 한 명만 행복해질 수 있습니까?"라고 하였다고 합니다.

'우분트'는 코사족 말로 '네가 있기에 내가 있다'라는 의미

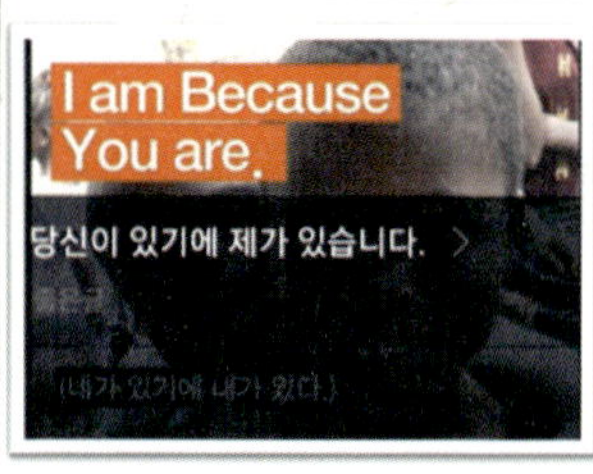

이며 넬슨 만델라 대통령이 자주 강조하였다고 합니다.

앞 · 뒤, 좌 · 우 주변을 한번 둘러보시지요. 내 곁에 있는 사람, 내 친구, 내 동료, 내 가족 등 수많은 사람들에게 '우분트' '우분트' "당신이 있기에 내가 있습니다."

소중한 사람 당신이 있어 감사합니다.

우리 아이들이 이렇게 성장하기를 바라는 마음입니다. 그리고 우리 학교와 사회에서 지향해 나갈 방향이라고 생각합니다.

– 학급별 특강 내용 중에서 –

올바른 판단과 결정

2011년에 개봉된 '호세마리오 신부의 길'은 실화를 바탕으로 한 영화입니다.

스페인 내전 직전 곳곳에서 성상파괴운동이 벌어져 성난 시민들에 의해 성당이 파괴되고 사제들이 공격을 받는 일이 벌어집니다.

이 격변의 시대에 호세마리오는 로마 카톨릭교회 평신도들의 비밀조직인 오푸스데이를 창설하여 이끌어 나갑니다.

성상파괴운동이 벌어지고 있을 때 공산당에게 총살되는 라자로 신부님을 보고 신부님을 따르던 신자들이 우리도 똑같이 보복을 해야 한다고 합니다.

그러자 호세마리오 신부님은 "하느님이 우리에게 두뇌와 양심을 주신 것은 이러한 상황에서 올바른 판단과 결정을 하라고 주신 거다."라고 하면서 우리가 똑같이 해서는 안 된다고 합니다.

이렇듯 머리와 가슴에서 올바른 판단과 결정이 매우 중요한 역할을 한다는 것입니다.

우리가 가정과 학교에서 우리 아이들이 스스로 올바르게 판단하고 결정할 수 있도록 만들어 주는 것이 부모님들과 선생님들의 역할이라고 생각합니다.

이렇게 올바른 판단과 결정이 이루어지기 위해서는 자율적으로 움직이고 생활할 수 있는 기회를 많이 부여하여야 합니다.

즉 자율성을 길러주어야 합니다.

자기 스스로 원칙에 따라 일을 하거나 그 일에 대하여 판단하고 실행하면서 한 일에 대하여 자신이 책임질 수 있도록 하여야 합니다.

– 선생님 · 학부모님들과 대화 중에서 –

나의 말과 친구의 장점

저는 아이들과 수업을 하면서 이 프로그램을 많이 사용합니다.

여러분!

나누어 준 A4종이에 자기 손을 놓고 한번 그려보세요. 그리고 손목에는 자기 이름을 기재하고, 손가락에다 아침에 일어나서 저녁에 잠을 잘 때까지 가장 많이 사용하는 말 5가지를 30초 동안에 적어보세요.

다시 종이를 뒤집어서 손을 그리고 이번에는 손목에다 친구 1명의 이름을 적고 그 친구의 장점 5가지를 30초 동안에 적어보세요.

자신이 사용하는 말 중에 긍정적인 말과 부정적인 말이 있는지 없는지 알아보고 부정적인 말이 긍정적인 말보다 많으면

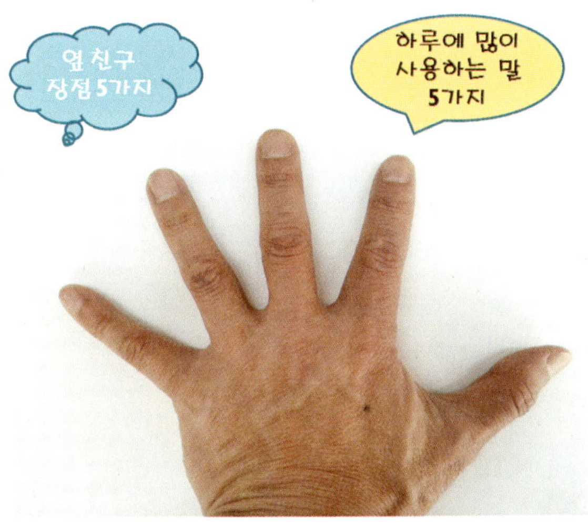

스스로 고쳐나가도록 해야 합니다. 또한 친구의 좋은 점을 많이 알고 있는 것은 그 친구와 대화를 많이 하고 있다는 것이고, 반대로 없으면 대화를 많이 할 필요성이 있다는 것입니다.

– 학급별 특강 내용 중에서 –

1.3%의 삶

"여러분!

침팬지와 우리 인간이 같은 게 있는데 무엇일까요?

이성이요!

밥 먹는 거요!

언어요!

유전자 DNA요!

네 맞아요. DNA입니다. 그러면 DNA가 얼마나 같을까요?"

인간과 침팬지의 DNA의 구조가 98.7%가 동일하다고 합니다.

이 차이는 수치상으로 1.3%뿐이 안 되지만 엄청난 결과가 나타납니다.

1.3%의 수치의 차이가 인간과 동물로 구분이 되었고, 이

1.3%의 차이로 말미암아 인간은 만물의 영장이라는 소리를 듣는 반면 침팬지는 동물원 우리 속에 갇혀 인간의 구경거리가 되고 있습니다. 인간이 인간답지 못하게 사는 것은 1.3%의 기능을 제대로 발휘하지 못하고 살기 때문입니다.

이 1.3% 속에 아주 중요한 것을 우리 인간이 가지고 있습니다.

무엇일까요?

이 1.3% 속에 동물이 가지고 있지 않은 추론능력과 공감능력을 가지고 있습니다. 이 1.3%를 살리는 사람은 고귀하게 살 것이고 이것을 살리지 못하는 사람은 늘 뒤처진 사람으로 살아갈 것입니다.

그러면 "여러분들은 이 1.3% 속에 들어가야 할까요? 들어가지 말아야 할까요?"

"들어가야 돼요." 하면서 아이들이 응답을 하네요.

우리는 무엇을 하든지 1.3%만 변화시키면 자연히 100%가 바뀌게 됩니다.

하루 24시간 가운데 1.3% 즉 18분 72초만 변화된 생각과 행동을 한다면 자신의 인생을 바꾸어 자신이 원하는 방향으로 행복한 삶을 누리게 될 것이라고 생각합니다.

– 학급별 특강 내용 중에서 –

시험 안 보면 안 되나요?

선생님! 시험 안 보면 안 될까요?

왜요?

스트레스 받아요.

시험 보기 전에 스트레스 받고, 시험 보고 나서 스트레스 받아요.

시험 없어졌으면 좋겠어요?

그래요. 그럼 시험 보지 말고 없애버릴까요?

네!

그래요. 그럼 고등학교는 어떻게 가지요?

글쎄요.

그럼 시험 대충 쓰면 되잖아요?

안돼요. 선생님한테 혼나요.

그럼 어쩔 수 없이 공부는 해야겠네요.

네!

1차 고사를 이틀 앞두고 점심시간에 2학년 교실을 순회할 때 공부를 하고 있던 아이들과의 대화입니다.

우리 아이들이 시험에 대하여 이렇게 스트레스를 받고 있으니 우리 나라 학생들의 삶의 만족도가 최악일 수밖에 없겠지요.

경제협력기구(OECD) 35개국 파트너국 37개국을 포함하여 72개국 총 54만명을 대상으로 조사해 내 놓은 '국제학업성취도평가(PISA) 2015 학생 웰빙보고서' 에 의하면 한국학생들의 행복도를 나타내는 삶 만족도 지수가 OECD국가 중 최하위로 나타났습니다.

전반적인 삶의 만족도에서 한국은 6.36점으로 35개 OECD 회원국 가운데 터키(6.12점)를 제외하고 최하위를 기록하였습니다. 특히 한국학생의 22%는 자신의 삶에 대하여 만족도가 4점 이하로 매우 심각한 상태인 것으로 나타났습니다.

이런 결과는 과도한 학습시간과 성적 스트레스가 주원인이었습니다. 학생 10명 중 7명은 시험과 성적에 대한 중압감 때문에 스트레스를 겪고 있는 것으로 나타났습니다.

학교시험과 관련한 불안감은 15세 학생들의 59%는 시험이 자신들에게 어려울 것이라고 염려하고 있으며, 66%는 낮은 성적에 대해 걱정하고, 55% 학생들은 자신들이 시험 준비를 잘 했음에도 불구하고 시험에 대해 걱정을 많이 하게 된다고

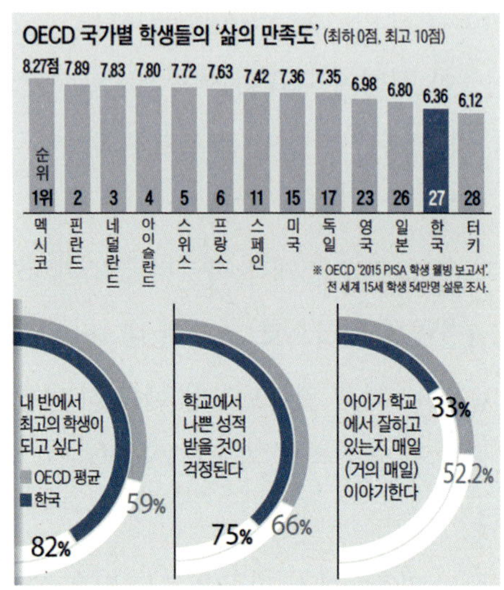

밝혔습니다. 37%는 공부할 때 매우 긴장한다고 응답을 하였고, 52%는 학교에서 어떻게 과제를 풀어야 할지 모를 때 긴장한다고 응답을 하였습니다.

이러한 현상은 책상 앞에 앉아 있는 시간이 운동하는 시간보다 많고 학원에 가서 보내는 시간이 많기 때문이 아닌가 생각합니다.

이상과 같은 내용을 우리 선생님들께서 참고하시어 학교에서 우리 학생들에게 조금이라도 시험에 대한 스트레스를 받지 않도록 배려를 해주는 것이 중요하다고 생각합니다.

– 선생님 · 학부모님들과 대화 중에서 –

꽃 편지

꽃 편지1

윤준호 교장선생님께

선생님, 제가 최근에 선생님과 여러 학생들이 함께 고민을 겪고 돕고 깨우치는 「하늘을 나는 교실」이라는 책을 읽었는데, 그 책에 '뵈크 선생님' 이라는 분이 나오셨습니다.

그 분은 학교의 엄격한 규칙보다는 학생들의 사정을 더 봐주시는, 학생과 소통하는 정말 훌륭한 분이십니다.

크리스마스 날 마르틴이 돈이 없어서 혼자만 집에 가지 못하고 있는데 뵈크 선생님께서 20마르크를 주셔서 집에 갈 수 있게 되었습니다.

선생님도 뵈크 선생님처럼 정말 훌륭하신 분이시기에 선생님이 생각나 몇 자 적습니다.

만약 저도 나중에 선생님이 된다면 꼭 선생님과 뵈크 선생

윤준호 교장 선생님께.

선생님, 제가 최근에 선생님과 여러 학생들이 함께 고민을 겪고 돕고 깨우치는 「하늘을 나는 교실」이라는 책을 읽었는데, 그 책에 '뵈크선생님'이라는 분이 나오셨습니다. 그 분은 학교의 엄격한 규칙보다는 학생들의 사정들을 더 봐주시는 학생과 소통하는 정말 훌륭한 분 이십니다.

크리스마스날 마르틴이 돈이 없어 혼자만 집에 가지 못하고 있는데 뵈크 선생님께서 20 마르크를 주셔서 집에 갈수 있게 되었습니다. 선생님도 뵈크선생님처럼 정말 훌륭하신 분 이시기에 선생님이 생각나 몇자 적습니다. 만약 저도 나중에 선생님이 된다면 꼭 선생님과 뵈크선생님처럼 학생들을 생각하고 소통하는 사람이 되어야겠습니다 항상 저희를 생각해주셔서 감사합니다♡.♡

2014.5.24

-2808 김예진 올림-

윤준호 교장선생님께♡

스승의 날을 맞아 감사하는 마음을 전합니다 ~

항상 다니고 싶은 학교, 따뜻한 학교 만들어주셔서 감사합니다♡

건강하시고 행복하세요!

2014.5.14

-김예진 올림-

2808

항상 학교를 위해 애쓰시느라 수고가 많으십니다ㅠ!

스승의 날을 맞이하여 스승의 은혜에 감사드리며 존경하고 사랑합니다♡.♡

P.S. 제가 드렸다고 밴드에 올리지 말아주세요...ㅠ♥

3607

김예진 올림♥

님처럼 학생들을 생각하고 소통하는 사람이 되어야겠습니다.

항상 저희를 생각해 주셔서 감사합니다.♡♡

2014.5.24.

2808 김예진 올림

꽃 편지2

TO 교장선생님

선생님! 안녕하세요. 전 3학년 6반 '최한솔' 이라고 해요.

이번 학년에 교장선생님이 새로 오셨잖아요. 사실 1학년 때랑 2학년 때 교장선생님과 다르게 이번 교장선생님은 진심으로 저희를 위해 주시고 사랑으로 봐 주시는 것 같아 너무 좋은 것 같아요.

교장쌤은 모르시겠지만 저하고 페북도 친구세요. ㅎㅎ

선생님과 오래오래 있고 싶지만 이제 1년 후면 전 고등학교에 가네요. 고등학교 가서도 지금 교장선생님 같은 분 만났으면 좋겠어요!

남은 1년 동안 더욱 잘 부탁드립니다.

선생님 사랑해요.♡♡

3629 최한솔 올림

TO. 교장선생님

선생님! 안녕하세요. 전 3학년 6반 '최한솔' 이라고 해요.

이번학년에 교장선생님이 새로오셨잖아요 사실 1학년때랑 2학년때
교장선생님과 다르게 이번 교장선생님은 진심으로 저희를 위해주시고
사랑으로 봐주시는것 같아 너무 좋은것같아요
교장쌤은 모르시겠지만 저하고 교복도 친구세요! ㅎㅎ
선생님과 오래오래 있고싶지만 이제 1년후면 전 고등학교에가네요ㅠ

고등학교 가서도 지금 교장선생님같은 분 만났으면 좋겠어요!
남은 1년동안 더욱 잘부탁드립니다.
선생님 사랑해요♡♡

3624
최한솔올림.

꽃 편지3

존경하는 교장선생님께

안녕하세요. 교장선생님 3-1반 전단비입니다.

선생님께서 처음 저희 학교에 오셔서 '사랑합니다' 라고 말씀하셨던 게 기억에 남아요. 작년부터 지금까지 항상 학생들과 함께하는 활동을 많이 만들어 주셔서 늘 행복하고 재미있는 학교생활을 하고 있습니다.

아침마다 교문에 나오셔서 저희들과 하이파이브를 하고 가끔 사진도 찍히고 작년부터 새로운 경험을 할 수 있어서 정말 좋았고 진포중에서 윤준호 교장선생님을 만나 영광스럽습니다.

진포중에 다니는 저와 나머지 학우들을 사랑해 주셔서 감사합니다.

2015. 5. 13.

선생님의 제자 전단비 올림

* P.S. 글씨가 이상해도 읽어주셔서 감사합니다.

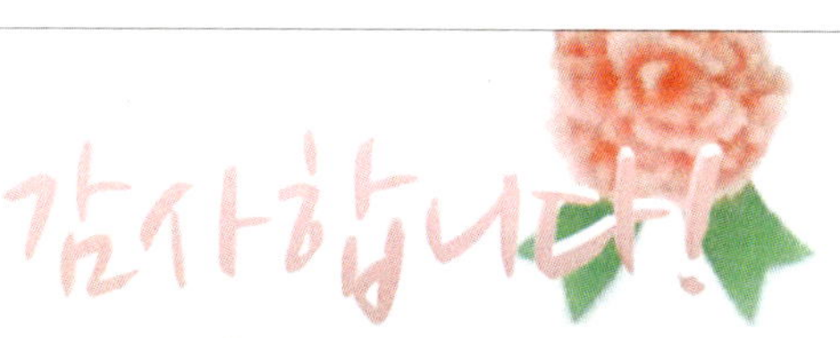

감사합니다!

존경하는 교장선생님께

안녕하세요. 교장선생님. 3-1반 전단비입니다.
선생님께서 처음 저희학교에 오셔서 '사랑합니다!' 라고 말씀하셨던게 기억에 남아요.
작년부터 지금까지 항상 학생들과 함께하는 활동을 많이 만들어주셔서 늘 행복하고 재미있는 학교생활을 하고 있습니다. 아침마다 교문에 나오셔서 저희들과 하이파이브를 하고 가끔 사진도 찍히고 작년부터 새로운 경험을 할 수 있어서 정말 좋았고 전포중에서 윤준호 교장선생님을 만나 영광스럽습니다. 전포중에 다니는 저와 나머지 학우들을 사랑해주셔서 감사합니다.

2015. 5. 13. 수.
선생님의 제자 전단비 올림

P.S. 글씨가 이상해도 읽어주셔서 감사합니다.

꽃 편지4

To. 진포중 자랑스러운 교장선생님께

선생님, 안녕하세요, 저희는 진포중에 다니는 2학년 학생들입니다. 다름이 아니라 이번 10월에 열리는 학교축제가 있잖아요.

학급에서 뭘 나가기로 했는데 시간이 5분은 너무 적은 것 같아서 말씀드립니다.

솔직히 안되는 거 알고 있지만 총학생회 회의에서 7분으로 늘리자는 안건이 나와서 회의안에서는 통과됐는데 아직 말씀 안 드렸다길래 무례하게 이런 부탁을 드립니다.

학급에서 하는 것만큼 추억 만들고 싶어서 이런저런 아이디어를 냈는데 시간상 여유 때문에 모든 걸 하지 못하고 있습니다.

진짜 너무 죄송하고 무례하지만 시간 좀 7분~8분으로 늘려달라는 부탁을 하고 싶습니다…!

안되면 어쩔 수 없는 것이지만 넓은 마음으로 생각하고 생각해 주셔서 조금이라도 늘려주면 진짜 너무 감사하겠습니다.

그리고 학교 방학동안 시설 더 좋아지게 해주셔서 감사합니다.

항상 감사합니다. 선생님.

다른 학교 교장선생님들보다 훨씬 좋습니다. ♡♡♡

학교에서 길 가다가 볼 때 인사드리면 하트 날리는 거 너무 귀여워요.♡

From 예의 바르고 착하고 귀여운

2학년 학생들 올림!

꽃 편지5

교장선생님께!

올해 이 학교를 졸업하는 3학년 박혜림입니다.

선생님께서 이 학교로 오신 지 얼마 되지 않아서 선생님과의 추억을 만들 시간은 별로 없었지만 저 나름대로는 선생님과의 추억이 많다고 생각합니다.

제일 기억에 남는 것은 제가 인사드리러 교장실에 처음 들어갔을 때인데요.(선생님께서는 기억이 잘 안 나실지도 모르겠지만) 말씀을 들으면서 '이 선생님은 학생들을 위할 줄 아는 선생님이구나!' 라고 느꼈었습니다.

특히, 거의 매일 학생들 사진 찍으러 다니시는 것을 보고 또 한번 놀랐습니다. 초등학교 때부터 9년째 학교를 다니고 있지만 선생님처럼 애쓰시는 분은 본 적이 없습니다. 또 고입 보고 나서도 수고했다고 악수를 해주시는데 선생님인지 삼촌인지 순간

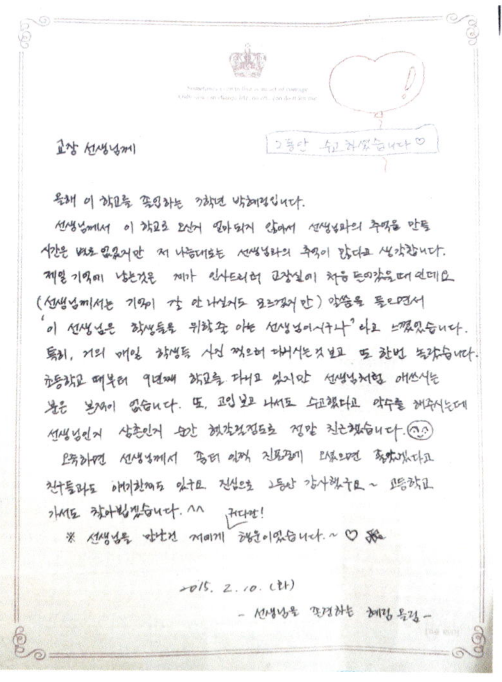

교장 선생님께

그동안 수고하셨습니다♡

올해 이 학교를 졸업하는 3학년 박혜림입니다.

선생님께서 이 학교로 오신지 얼마 되지 않아서 선생님과의 추억을 만들 시간은 별로 없었지만 저 나름대로는 선생님과의 추억이 많다고 생각합니다. 제일 기억에 남는것은 제가 인사드리러 교장실에 처음 들어갔을때 인데요. (선생님께서는 기억이 잘 안 나실지도 모르겠지만) 말씀을 들으면서 '이 선생님은 학생들을 위할줄 아는 선생님이시구나' 라고 느꼈었습니다. 특히, 거의 매일 학생들 사진 찍으러 다니시는것 보고 또 한번 놀랐습니다. 초등학교 때부터 9년째 학교를 다니고 있지만 선생님처럼 애쓰시는 분은 본적이 없습니다. 또, 고입 보고 나서도 수고했다고 악수를 해주시는데 선생님인지 삼촌인지 순간 헷갈릴정도로 정말 친근했습니다.

오죽하면 선생님께서 좀더 일찍 진포중에 오셨으면 좋았겠다고 친구들과도 얘기한적도 있구요. 진심으로 그동안 감사했구요~ 고등학교 가서도 찾아뵙겠습니다. ^^

※ 선생님을 만난건 저에게 커다란! 행운이었습니다.~ ♡

2015. 2. 10. (화)

- 선생님을 존경하는 혜림 올림 -

헷갈릴 정도로 정말 친근했습니다.☺

오죽하면 선생님께서 좀 더 일찍 진포중에 오셨으면 좋았겠다고 친구들과도 얘기한 적이 있구요. 진심으로 그동안 감사했구요~~~

고등학교에 가서도 찾아뵙겠습니다.?^^

※ 선생님을 만난 건 저에게 커다란 행운이었습니다. ~♡

2015. 02. 10.(화)

선생님을 존경하는 혜림 올림

꽃 편지6

선생님께

넘치는 친절을 베풀어 주시고 진포중학교에서 선생님으로서 경험을 쌓을 수 있게 해주셔서 정말 감사합니다

훌륭한 학생들, 동료들을 남겨둔 채 진포중학교를 떠나야 해서 많이 슬프지만 지금은 제 가족과 함께 있어야 할 시간이라는 것을 알고 있습니다.

저는 아름다운 나라 한국에서 살아가며 곳곳을 두루 여행할 수 있는 기회를 얻을 수 있어서 정말로 기뻤습니다.

저에게 한국의 문화와 음식, 언어에 대해 가르쳐 주신 모든 분들께 감사드립니다.

진포중학교는 언제나 제 마음속의 한 자리를 차지하고 있을 것입니다.

Dear 선생님,

Thank you so much for showing me so much kindness and allowing me to experience being a teacher at 진포. I am very sad to leave this school, the amazing students and my co-workers, but I know that I have to be with my family at this time.

I am very grateful for the opportunity I have been given, and that I got to live in and explore beautiful Korea. I thank everyone who taught me about the Korean culture, food and language – this place will always have a special place in my heart.

One day hopefully soon, I will return to Korea (I will visit 진포!) ☺

I wish you all the best for the future.

xxx Kirsten

조만간 한국에 오면 진포중학교에 들리도록 하겠습니다.

앞날에 좋은 일만 가득하시길 기원합니다.

사랑을 담아 Kirsten(남아프리카 공화국)

꽃 편지7

교장선생님께 드리는 건의문

존경하는 윤준호 교장선생님. 안녕하십니까?

저희는 2학년 2반에 재학 중인 학생들입니다. 학생들을 위해서 헌신하시는 모든 선생님들께 저희는 항상 고마움을 느끼고 있습니다.

저희가 이렇게 교장선생님께 건의문을 쓰는 것은 2학년 많은 학급에서는 수많은 현금 도난사건이 일어난다고 느꼈기 때문입니다.

그래서 저희는 도난 사건을 줄이기 위해 학교 측에서 보완해 주어야 할 부분과 학생들이 스스로 실천할 수 있는 일을 생각해 보았습니다.

저희가 마련한 몇 가지 방안을 살펴보시고 수용 가능한 것들을 반영해 주시기를 교장선생님께 건의하겠습니다.

교장선생님께 드리는 건의문.

존경하는 윤준호 교장선생님, 안녕하십니까?
저희는 2학년 2반에 재학중인 학생들입니다. 학생들을 위해 헌신하시는 모든
선생님들께 저희는 항상 고마움을 느끼고있습니다.
저희가 이렇게 교장선생님께 건의문을 쓰는 것은 2학년 입학 후 학급 내에서 발생하는 수많은 현
금 도난사건이 많이 일어난다고 느꼈기 때문입니다.
그래서 저희는 도난사건을 줄이기 위해서 학교측에서 보안해 주어야할 부분과
학생들이 스스로 실천할 수 있는 일을 생각해 보았습니다.
저희가 마련한 몇가지 방안을 살펴보시고 수용가능한 것들은 반영해 주시기를
교장선생님께 건의하겠습니다.
첫째, 각층 복도 끝에 CCTV를 설치해주세요. 학교에 CCTV를 설치하시면
선생님께서 말씀하신 것처럼 학교가 쪽팔려질수도 있으니까 권하고 싶지 않았는데
그래도 도난사건이 한두번 일어난게 아닙니다.
둘째, 한달에 한번씩 교복기회를 제공해주세요. 수업일수가 안맞을 수도 있지만
도난사건이 많이 일어나서 아이들이 울고, 힘들어 합니다.
학교측의 이러한 노력과 저희는 SNS에 글을올려 범인을 찾을수 있는 쪽으로
노력해볼것이고, 각자 자신이 가지고있는돈을 직접 몸에 소지하고 다닐수 있도록
하겠습니다.
학교측과 학생들이 같이 노력한다면 도난사건 발생수를 줄일 수 있을 뿐만 아니라
학생들이 돈을 잃어버려 기분이 안나빠질수있고 학교의 명성이 높아질것입니다.
교장선생님께서는 저희학교 장점 3가지중 1가지가 '남의 물건에 손 안대기'라고
하셨지만 지금까지 저희가 아는 도난사건 금액만해도 거의 10만원이
넘어갑니다. 오늘도 21000원이 지갑에서 없어졌습니다
지속적으로 발생하는 도난사건발생을 줄여주세요.
지금까지 부족한 글을 읽어주셔서 고맙습니다 저희의 건의 내용을
긍정적으로 검토를 해주시길 바랍니다
여러 걱정과 실망을 안겨드려서 죄송합니다

2015년 12월 2일 수요일

2학년 2반 학생들 올림.

첫째, 각층 복도 끝에 CCTV를 설치해 주세요. 학교에 CCTV를 설치하시면 선생님께서 말씀하신 것처럼 학교가 쪽팔려질 수도 있으니까 권하고 싶지 않았는데 그래도 도난사건이 한두 번 일어난 게 아닙니다.

둘째, 한 달에 한 번씩 교육기회를 제공해 주세요. 수업일수가 안 맞을 수도 있지만 도난사건이 많이 일어나서 아이들이 울고 힘들어 합니다.

학교측의 이러한 노력과 저희는 SNS에 글을 올려 범인을 찾을 수 있는 쪽으로 노력해 볼 꺼고, 각자 자신이 가지고 있는 돈을 직접 몸에 소지하고 다닐 수 있도록 하겠습니다.

학교측과 학생들이 같이 노력한다면 도난사건 발생수를 줄일 수 있을 뿐만 아니라, 학생들이 돈을 잃어버려 기분이 안 나빠질 수 있고 학교의 명성이 높아질 것입니다.

교장선생님께서는 저희 학교 장점 3가지 중 1가지가 '남의 물건 손 안대기' 라고 하셨지만 지금까지 저희가 아는 도난사건 금액만 해도 거의 10만원이 넘어갑니다. 오늘도 21,000원이 저희 반에서 없어졌습니다.

지속적으로 발생하는 도난사건 발생을 줄여 주세요.

지금까지 부족한 글을 읽어주셔서 고맙습니다. 저희의 건의 내용을 긍정적으로 검토를 해주시길 바랍니다.

이런 걱정과 실망을 안겨드려서 죄송합니다.

2015년 12월 2일 수요일

2학년 2반 학생들 올림

꽃 편지8

교장선생님!

아침마다 저희들 찾아 주시고

항상 격려와 힘이 되는

“웃음” 주셔서 고맙고 감사합니다.

유월의 향기 꽃 선물로 드립니다.

(급식실 일동)

꽃 편지9

TO. 교장선생님께!

안녕하세요 교장선생님 진포 2-2 방지후라고 합니다.

Marry Christmas ~ ♡

이번 년도 선생님과 함께해서 좋습니다!

졸업하기 전까지 함께하고 싶네요.

건강하시고 2016년도 잘 지내세요.

항상 사랑합니다.♡♡♡

From 진포중 2-2 지후 올림

To. 교장선생님께
안녕하세요 교장선생님 진포 2-2 방지후라고해요
Marry Chirstmas ~ ♡
이번년도 선생님과 함께해서 좋습니다!
졸업하기 전까지 함께하고 싶네요 건강하시고 2016년도 잘 지내세요!
항상 사랑합니다 ♡♡♡
From 진포중 2-2 지후올림

꽃 편지10

TO. 윤준호 교장선생님♡

선생님 항상 감사하고 사랑해요♡

1409 김해솔

TO. 교장쌤!

1년 동안 너무 수고 많으셨어요. 사랑해요♡

3.6 일동

교장선생님 안녕하세요? 진포중학생 박보영입니다. 선생님께서 저희 학교 교장 선생님이라서 정말 기뻐요♡

컵은 만든 거예요. 잘 써주세요.

2216 박보영

교장선생님 안녕하세요 진포중학생
박보영 입니다 선생님께서 저희학교
교장선생님이라서 정말 기뻐요♡
컵은 안드리에요 잘 써주세요 _2216-
박보영

TO. 윤준호 교장선생님♥
선생님 항상 감사하고
사랑해요♥
1409 김해솔

TO. 교장쌤
1년동안 너무 수고 많으셨어요.
사랑해요♡
-3.6 일동-

♡교장선생님♡

제가 자라서 정치인이 되면 꼭 선생님 같은 분이 되어야겠다고 생각했어요. 존경합니다!

2117 안미르 올림

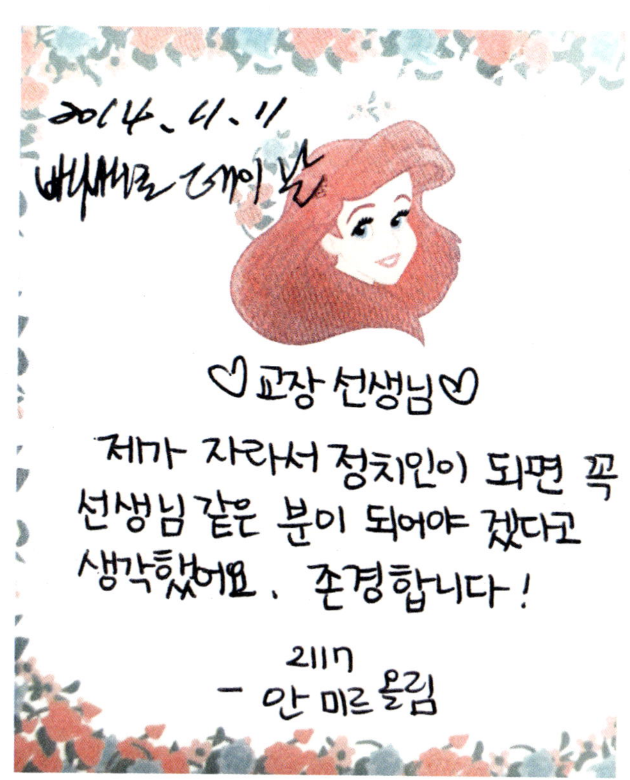

2014. 11. 11
빼빼로 데이 날

♡교장 선생님♡

제가 자라서 정치인이 되면 꼭
선생님 같은 분이 되어야 겠다고
생각했어요. 존경합니다!

2117
- 안 미르 올림

꽃 편지11

TO. 윤준호 교장선생님께

안녕하세요 2학년 6반 최현민입니다.

1년 동안 매주 아침에 저희를 반갑게 반기시는 교장선생님

덕분에 학교생활이 행복했습니다.

그리고 학생들과 많이 친해지려는 모습 감사합니다.

교장선생님, 1년 동안도 많은 사랑으로 아이들 지켜 주셔서 진심으로 감사드립니다. 좋은 교장선생님 만난 것이 저희에게는 큰 축복인 것 같아요.

새해에도 더 건강하시고 사랑 나눠 주시는 선생님 되시길 기도하겠습니다.

2016.12.20.

진포중 2-6 최현민, 최현민 모.

To. 윤준호 교장 선생님께

안녕하세요 2학년 6반 최현민 입니다.
1년동안 매주마다 아침에 저희를 반갑게 반기시는 교장선생님
덕분에 학교생활이 행복했습니다.
그리고 학생들과 많이 친해지려는 모습 감사합니다.

교장선생님~ 1년 동안도 많은 사랑으로 아이들 지켜주셔서
진심으로 감사드립니다. 좋은 교장선생님 만난것이 저희에게는
큰 축복인것 같아요~ ^^ 새해에도 더 건강하시고 사랑
나눠주시는 선생님 되시길 기도하겠습니다. 2016. 12. 20
진포중 2-6, 최현민, 최현민모.

꽃 편지12

TO. 교장선생님께

안녕하세요. 선생님.

저는 3학년 5반 희연이에요.

제가 편지를 쓰는 이유는 선생님께 감사한 마음을 표현하고

싶어서 이렇게 편지를 써요.

다니고 싶은 학교,

배우러 오고 싶은 학교를 만들어 주셔서

감사합니다.

이렇게 좋은 선생님을 만난 저는 행운아인 것 같아요.

명절 잘 보내시고 건강도 잘 챙기세요.

사랑합니다. ♡

희연 올림

TO : 교장선생님께.

안녕하세요 선생님, 저는 3학년 5반 희연이예요.
제가 편지를 쓰는 이유는 선생님께 감사한
마음을 표현하고 싶어서 이렇게 편지를 써요.
다니고 싶은 학교, 배우러 오고 싶은 학교를
만들어 주셔서 감사합니다.
이렇게 좋은 선생님을 만난 저는 행운아인것
같아요. 명절 잘 보내시고 건강도 잘 챙기세요

사랑합니다♡ -희연올림-

꽃 편지13

교장선생님께!

저는 신입생 1학년입니다.

선생님께서 교문 앞에서 항상

하이파이브 해주셔서 활력소가 되었어요!♡

오늘 하루도 행복하세요♡

※ 쑥떡 하나에다 이렇게 편지를 써서 가져왔네요.
귀엽지요?

꽃 편지14

교장선생님께

안녕하세요, 교장선생님

저희 진포중 문화개선 동아리 지압(J.I.A.B.T)에서 스승의 날을 맞아 이렇게 편지를 쓰게 된 서지희라고 합니다.

사실 1학년 때 처음 왔을 때는 긴장이 많이 되었는데 교장선생님께서 아침마다 빠짐없이 하이파이브를 하시는 것을 보고 정말 즐거운 중학교 생활이 될 거라 생각하였습니다.

아침마다 교장선생님 덕분에 힘이 납니다. 아마 고등학교 가서도 잊지 못할 거 같습니다. 너무 감사하고 사랑합니다.♡

서지희 드림

꽃 편지15

교장쌤!

팥빙수 가져왔어요.

입에 안 맞으셔도 꼭 드셔야 돼요.

맛있게 드세요.

녹아서 냉동실에 ~ 있어용! ^^

1학년 2반

지영 · 희오 드림

꽃 편지16

♥ 윤준호 쌤

사진 많이 찍어 주세요.

♥ 윤준호 쌤

활동하는 모습 맨날 사진 찍어 주셔서 감사합니다.~

♥ 교장선생님 멋지세요.

♥ 교장선생님 감사해용.

♥ 교장선생님 감사해용.

♥ 교장선생님 짱짱 멋있어요.~

꽃 편지17

교장선생님!

3학년 4반에서

영어시간에

토스토 만들었는데

맛있게 드세요

항상 감사합니다. ♡♡

꽃 편지18

To. 교장선생님

아침마다 일찍 나오셔서 정문에서

손뼉 쳐 주시는 것 재미는 있으신데 힘드시죠?

또 많은 반들 돌아다니면서 사진 찍으셔서

밴드에 매일매일 올리는 것도 힘드시죠?

이 빼빼로 드시고 힘내세요!!

사랑합니다♥

1323 정사랑

To. 교장쌤♡

지금까지 만난 쌤들 중에

제일 좋아요 진짜 !!♥

학교 생활 재밌습니다!!♥

From 서연, 하은

To 교장선생님!
아침마다 일찍 나오셔서 정문에서
손뼉쳐주시는것 재미는 있으신데 힘드시죠?
또 많은 반들 다니며 사진찍으셔서
밴드에 매일매일 올리는 것도 힘드시죠?
이 빼빼로 드시고 힘내세요!?
사랑합니다♥
-1323 정사랑

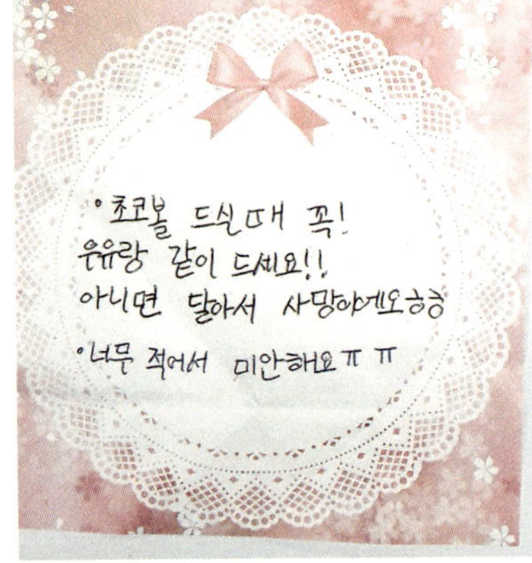

To. 교장쌤 ♡
지금까지 만난 쌤들 중에
제일 좋아요 진짜ㅠ♥
학교 생활 재밌습니다!!♥
From 서연. 하은

꽃 편지19

♥ 교장선생님 사랑해요!

손난로

임채빈

손 좀 녹여줘요.
차가운 당신의 손,
따뜻해지도록.

마음도 녹여줘
얼어붙은 당신 마음
뜨겁게 달궈지도록

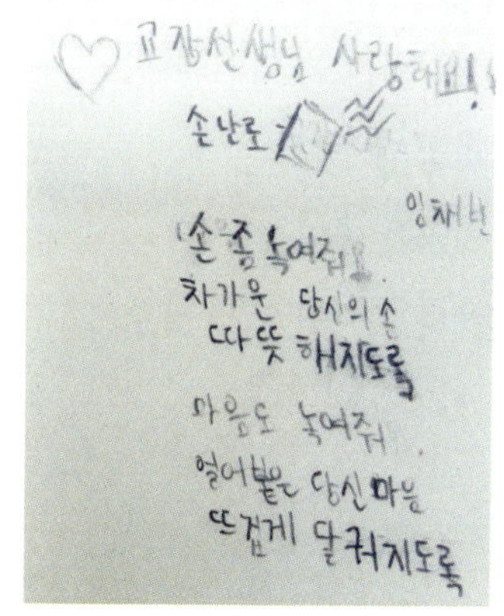

꽃 편지20

우리 학교

1128 정지항

고민이 있는 아이에게는
휴식처가 되고
자신감이 없는 아이에게는
격려를 해주며
주저앉은 아이를
언제나 일으켜 주는 학교
바로 진포중

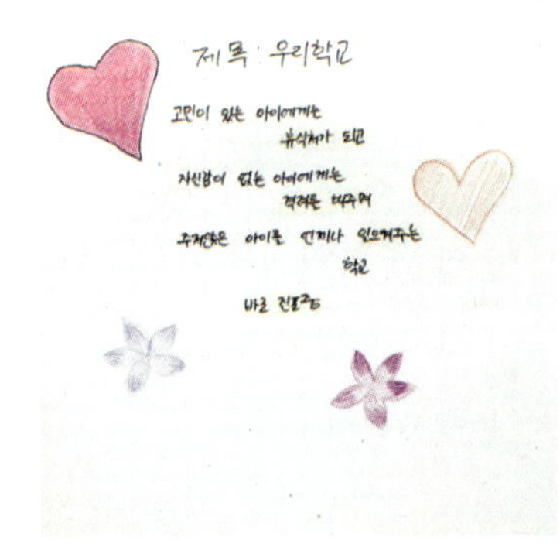

꽃 편지21

진포중학교

1403 구도영

형도 다녔고 나도 다니는 우리 학교
선생님도 있고 친구도 있는 우리 학교
교복은 파란색, 체육복은 초록색
1학년은 초록색, 2학년은 파란색
3학년은 노란색 명찰이 알록 달록
군산에서 제일 행복한 중학교
점심밥이 정말 맛있는 우리 학교
재밌는 선생님들이 많은 우리 학교
우리 학교가 최고다!!!

내 마음의
다락방

어머니! 내 어머니!!

2014. 01. 11.(토)

수영연맹 이사회와 대의원 총회가 있어 수영연맹 심판대기실에서 총회를 마치고 지난 9일에 실시한 임플란트 수술로 인해 임원들과 술자리를 같이 하지 못하고 집에 들어와 채 5분도 안 되었는데 전화벨이 울렸다.

16시 46분, 아버지였다.

'엄마가 쓰러졌다'

아! 이게 무슨 날벼락이란 말인가? 이걸 어떻게 해야하지?

16시 49분, 곧바로 고부에 있는 춘호 친구한테 전화를 했다.

빨리 우리 집에 좀 가보라고 어머니께서 쓰러지셨다고 하니까 알았다고 하고 16시 52분에 다시 춘호한테서 전화가 왔다. 안되겠기에 119에 연락을 해서 응급차가 오고 있다고 했다.

시속 150~160km로 정읍 아산병원으로 가면서 누나한테 전화를 했다.

그리고 가서 보니 어머니께서는 혼수상태로 산소호흡기를 꽂고 계셨다.

아내와 동생(애자)한테 연락하여 대학병원에 가 있으라고 하고 누님이 도착하여 보호자로 엠블런스에 탑승하여 전주로 호송을 하고 춘호한테 고부에 가서 아버지를 모셔다 달라고 하고, 아산병원비 계산을 한 후 아버지가 도착하여 모시고 전주로 출발하였다.

많은 생각들이 뇌리를 스쳤다.

아! 이제 정신이 혼수상태에서 깨어나시지 못하실 것이 뻔한데 앞으로 어떻게 해야 할 것인가? 아버지께서는 울음을 참으시고 뒷좌석에 앉아 아무 말씀이 없으셨다.

전북대 응급실에 도착하니 고모와 고모부께서 와 계셨다.

X-ray와 MRA를 촬영하고 응급실에서 의사와 상담하였다.

의사는 의식을 되찾기는 불가능하다고 했다. 수술을 해도 그렇고 안 해도 불가능하단다. 복받치는 설움과 눈물을 참으려고 옆 화장실에 가서 한참을 울었다.

그렇게 고생하셨던 내 어머니!

결단을 내려야했다. 전주병원 중환자실을 예약하고 전주병원으로 이동을 하였다.

2014.01.12.(일)

점심시간(12:00~12:30)에 어머니 면회를 하고 동생(강호)과 함께 고부에 가서 집안정리를 하였다.

어머니께서 누워 계셨던 자리에 누워 눈을 감고 조용히 생각에 잠겨보았다.

정읍에서 친구들과 술을 한잔 하고 집에 오면

"밥은 먹고 마신거냐?

술에는 밥이 최고니까 꼭 밥을 먹고 술을 마셔야 한다."

말씀하시면서 늘 이 자리에서 추우니까 어서 이리 이불 안으로 들어오너라 하시면서 두 손을 꼭 잡으시고 이불을 끌어다 덮어주시던 내 어머니!

그리고 그 자리에 누워서 주무시던 모습이 떠올라 오면서 이제 다시는 어머니께서 이 자리에 안 계실거라고 생각하니 다시 복받치는 설움에 눈물이 왈칵 쏟아져 내렸다.

사랑하는 내 어머니!

박정희 여사님!

왜 당신이 계셔야 할 자리가 여기인데 전주병원 중환자실에

의식도 없이 계십니까?

나는 어떻게 하라구요?

어머니!

2014. 01. 14.(화)

잠을 못 이루고 새벽 2시에 일어나 많은 생각들이 스쳐 갔다.

어머니와 함께했던 생활 그리고 앞으로 어떻게 해야 할 것인가를….

아침 면회(08:00~08:30)를 마치고 출근하여 지난 01월 10일 아침을 생각해 보았다.

몇 번 휴대폰으로 전화를 드렸는데 안 받으셔서 집 전화로 해서 받으시기에 "왜 이렇게 전화를 안 받으세요."라고 큰 소리로 화를 냈던 못나고 나쁜 놈인 나한테 자책을 해보았다.

어머니께서 그러셨다. "전화기를 어디다 두었는지 모르겠다." 하시면서 휴대폰을 찾으러 가야겠다고 하시면서 전화를 끊으셨던 내 어머니!

'어머니 죄송합니다. 어머니께서 전화를 안 받으시면 무슨 일이 생기신 건 아닐까 마음이 다급해져서 어쩔 수가 없었습니다. 어머니 용서해 주세요.'

매일 아침이면 부모님께 안부전화를 드리기 시작한 지가 벌써 20년이 넘은 것 같다. 내가 바빠서 못 드린 날에는 어머니께서 "무슨 일이 있느냐"고 먼저 전화를 해주셨던 어머니!

그때 감지를 했어야 하는데 고부 집으로 가서 뵈었어야 하는데 너무나 마음이 아프다. 또 눈물이 난다.

2014. 01. 15.(수) 아침에

"저예요."

"응! 아가"

"어제 저녁 잘 주무셨어요?"

"응! 아가"

"아버지도 잘 주무시고요?"

"응! 아가"

"아침 진지 드셨어요?"

"응! 아가"

"어디냐?"

"네! 지금 출근 중이에요."

"조심해서 출근하거라."

"네! 알겠습니다."

"즐거운 하루 보내세요."

"응! 아가"

환갑이 다 된 아들은 언제나 '아가' 였다.

매일 아침, 안부 전화를 드리면서 들어보던 목소리

이제 들을 수가 없다.

사랑하는 내 어머니.

어느 날 큰딸 나리가 아내한테 했던 말이 기억이 난다.

나리 : 엄마 할머니는 아빠한테 지금도 아가라고 불러요?

아내 : 아들이니까

나리 : 근데 엄마한테는 안 그러잖아요?

아내 : 그래 그게 아들과 며느리의 차이란다.

하면서 웃었던 대화가 생각이 난다.

그런 어머니께서 저렇게 무의식 상태로 누워 계시니 마음이 너무 아프다. 병명은 대내뇌출혈, 예전대로 돌아올 가능성은 없어 주위에서는 안락사 이야기가 나온다.

그러나 나는 아직 어머니의 죽음을 받아들일 마음의 자세가 안 되었다. 그저 며칠이라도 이렇게 얼굴이라도 보고 싶다.

순간적으로 운명하실 때 눈을 뜨시고 한 번이라도 제 이름을 불러 주시면서 운명을 하실 것 같아서….

마음과 몸이 무겁고 아프다.

2014. 01.16.(목)

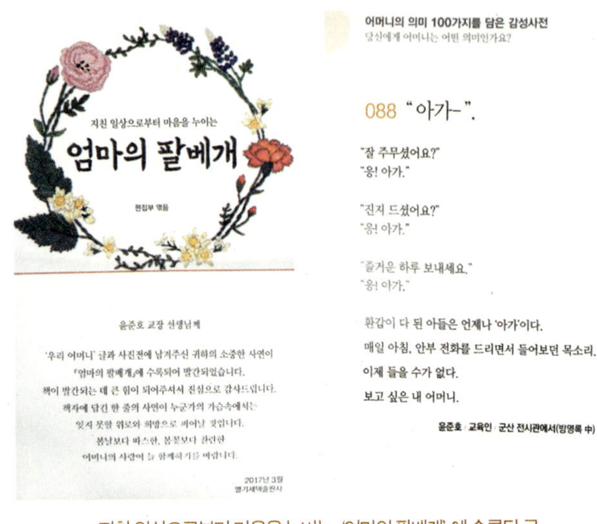

지친 일상으로부터 마음을 누이는

엄마의 팔베개

편집부 엮음

윤준호 교장 선생님께

'우리 어머니' 글과 사진전에 남겨주신 귀하의 소중한 사연이
『엄마의 팔베개』에 수록되어 발간되었습니다.
책이 발간되는 데 큰 힘이 되어주셔서 진심으로 감사드립니다.
책자에 담긴 한 줄의 사연이 누군가의 가슴속에서는
잊지 못할 위로와 희망으로 피어날 것입니다.
봄날보다 따스한, 봄꽃보다 찬란한
어머니의 사랑이 늘 함께하기를 바랍니다.

2017년 3월
맵기세책출판사

어머니의 의미 100가지를 담은 감성사전
당신에게 어머니는 어떤 의미인가요?

088 "아가-".

"잘 주무셨어요?"
"응! 아가."

"진지 드셨어요?"
"응! 아가."

"즐거운 하루 보내세요."
"응! 아가."

환갑이 다 된 아들은 언제나 '아가'이다.
매일 아침, 안부 전화를 드리면서 들어보던 목소리.
이제 들을 수가 없다.
보고 싶은 내 어머니.

윤준호 · 교육인 · 군산 전시관에서(방명록 中)

지친 일상으로부터 마음을 누비는 '엄마의 팔베개' 에 수록된 글

10시 26분

전주병원에서 전화가 왔다.

운명하실 것 같으니까 보호자 분께서 오셨으면 좋겠다고 그래서 눈물을 흘리면서 어떻게 차를 몰고 병원에 도착하였는지 생각이 안 난다.

병원에 도착하니 어머니께서는 벌써 운명을 하셨다.

운명하시는 것도 보지 못한 못난 아들 놈!

머릿속이 하해져서 아무것도 생각이 나지 않았다.

다시는 아침에 어머니의 '응! 아가' 소리를 듣지 못할 내 어머니!

슬픔을 놓아라

사랑하는 사람이 죽는 건 슬픈 일이지만
그 슬픔을 놓아버려야 더 이상
그 슬픔과 괴로움 속에서 허우적거리지 않게 됩니다.
또 떠난 사람을 위해서도 훌훌 털어 버려야 합니다.
그 사람에 대한 좋은 기억은 할 수 있지만 집착해서는 안 됩니다.
나는 그리워서 우는데 영혼은 허공을 떠돌게 됩니다.
그를 위해서라도 가벼운 마음으로 보내 줘야 하고,
나를 위해서도 가볍게 떠나 보내 줘야 하고,
남은 가족의 행복을 위해서라도 더 이상 붙잡지 않아야 합니다.

법륜스님(인생수업 중에서)

어머니를 하늘나라로 보내드리고 나서 1개월 동안 마음이 너무 아파서 힘이 많이 들었습니다.

아내가 많은 위로를 해주었고 큰딸 나리와 사위 기웅이 그리고 작은딸 나라가 아빠 마음 아프지 마시라고 위로전화를 날마다 해주었지만 그래도 마음은 아팠습니다.

법륜스님의 이 글을 접하고 “아! 스님 말씀이 맞는 말씀이야.” 라는 생각을 하고 내 슬픔과 괴로움을 훌훌 털어 버려야겠다는 생각을 하니 마음이 안정이 되고 가벼워졌습니다.

2014. 03. 13.(목)

나리의 첫 출근

사랑하는 나의 큰 공주 나리가 국적항공사인 제주항공에 합격하여 2박 3일 기본교육을 받고 오늘(2012.02.20.)부터 김포공항 서울본사로 첫 출근하여 1개월 동안 다시 교육에 들어갔다. 교육을 마치면 이제 높은 하늘을 날면서 날개를 펼치겠지.

신체검사를 마치고 최종합격자 발표를 마쳤을 때 얼마나 기뻤는지….

아! 부모님의 마음이 이거로구나 하는 생각이 든다. 그렇게 혼자 여러 번 낙방하여 마음속으로 얼마나 힘들었을까 하는 생각을 하니 지금도 눈시울이 시큰해진다. 그동안 애썼다는 말뿐….

고부에 계시는 부모님께서도 전화를 받자마자 울먹이시면서 무척이나 기뻐하셨다. 정말 잘했다고….

우리 가족에게 너무나 좋은 일들이 임진년에 들어와 많이 일어났다.

나는 교장연수 지명을 받았고, 나의 아내도 전주로 발령 받아 집에서 가까운 서곡중학교로 왔으며, 우리 첫째 공주 나리가 직장을 갖게 되었다. 이제 우리 둘째 공주만 5월에 있을 면접에 합격을 하면 우리 집안은 모두 다 오케이. 이러한 좋은 일들이 많이 생긴 것은 좋지 않은 일들이 일어나더라도 긍정적으로 받아들이고 긍정적으로 생각하고, 긍정적인 행동으로 옮겨서가 아닌가 한다.

어제가 대동강 얼음도 녹아 날씨가 풀린다는 우수였다. 그래서인지 조금씩 기온이 상승하여 체감온도가 높아가고 있다. 이제 올해 1년도 열심히 살아보자. 기회는 준비된 자에게 오게 되어 있다.

다시 준비하자. 내일을 위해서 그리고 우리 가족을 위해서 그리고 내 최고를 위해서 말이다.

2012. 02. 20. 정읍교육지원청에서

친구 경상이를 하늘 나라로 보내고

오! 통재라.

오! 애재라.

나는 오늘 너무나 큰 소식을 접하고 어찌할 바를 모르고 눈물을 흘리면서 경모형, 우철이 아우와 회장인 석주와 함께 군산의료원에 06시 55분에 도착하여 믿기지 않는 상황을 접하고 이글을 올립니다.

1974년 3월 그 시절 유명했던 프랑스 배우 아랑드롱에 버금가는 훤칠한 키와 얼굴을 가진 한 녀석을 우리는 만났습니다.

우리는 금새 친해졌고 너무나 서로를 좋아해 하루라도 안 보면 안 되는 그러한 친구, 보아야만 직성이 풀리던 그 시절 친구 오경상.

1974년 전북대학교 비사벌 축제에서 그 시절 유명했던 가수들을 불러놓고 축제를 열고 있을 때, 단상에 올라가 마이크를

잡고 그 가수들의 기를 죽였던 친구 오경상.

술을 마시면서 대화를 하면 날을 새면서까지 그 내용을 가지고 토론을 하던 그 친구 오경상.

군대(특전사)에 있으면서 서울에서 전주까지 육군 보병과 함께 택시를 타고 와서 육군 보병한테 택시비를 물게 하려다 되려 물어내야 했던 오경상.

이주일 춤이 한창 유행하던 시절 그 춤으로 격포에서 가졌던 레오파더 MT에서 멋지게 보여주어 술을 얻어먹게 했던 친구 오경상.

만나면 욕하고 싸워도 마음 한구석에는 항상 따뜻한 마음과 사랑을 가지고 있었던 친구 오경상.

초임 학교에서 육상 스타트 총으로 교장을 뒤에서 꼼짝 마! 하고 탕! 쏘아 교장을 놀라게 해 웃음을 주었던 친구 오경상.

경기도 파주에서 레오파더 MT가 있을 때 전주에서 파주까지 흥부가, 적벽가. 심청가 등을 지루하지 않게 한 번도 쉬지 않고 불러주었던 친구 오경상.

아버지. 어머니의 칠순잔치 때 사회를 보면서 흥부가와 함께 너무나 재미있게 부모님을 즐겁게 해주었던 친구 오경상.

한번 목표를 설정하면 그 목적 달성을 위해 최선을 다하고 꼭 해내고 마는 친구 오경상.

인간으로서 갖추어야 할 것을 다 갖추고 그보다도 더 많은 재주를 가지고 있어 1세기에 한번 나올까 말까한 친구 오경상.

나는 너무나 슬픕니다. 그리고 눈물이 앞을 가리어 닦고 또 닦고 하면서 이 글을 쓰고 있습니다.

친구여 왜 이리 먼저 가나요, 아직도 우리는 할 일이 너무나 많은데 ….

하느님도 무심하시지. 왜 이리도 착하고 좋은 친구를 데려가십니까? 우리는 어떻게 하라고, 그리 무심히 예고도 없이 데려가십니까?

너무나 마음이 아픕니다. 너무나 약이 오릅니다. 너무나 안타깝습니다. 정말로 환장하겠습니다. 너무나 가슴이 메입니다.

대답 좀 해주세요. 네!

어떻게 표현을 해야 이 아픈 마음을 다 표현할까요.

좀 가르쳐 주세요.

이 글을 쓰다말고 눈물을 흘리면서 하늘을 바라봅니다.

더 이상은 쓸 수가 없을 것 같습니다.

너무나 흐르는 눈물 때문에

우리 경상이 좀 살려주세요.

우리 사랑하는 경상이 좀 어떻게 안 될까요.

제발!

2004 09.06. 11:40
군산의료원에서 애절한 마음으로

비사벌 정글

경도 127.14도와 위도 35.83도인 비사벌 우림지역 정글에 일천구백칠십칠년 유월 어느 날 수십 마리의 동물들이 비사벌을 거점으로 상아탑에서 이상과 각자 자기의 목적을 실현시키기 위해 생활하고 있는 가운데 9마리의 레오파드(표범)들이 온갖 궂은 장난을 하면서 재미있고 즐겁게 하루하루 행복한 생활을 하고 있었다.

그들 9마리는 서로의 성격이 모두 달랐다.

성격이 급하면서 의협심이 강한 놈, 온순한 놈, 머릿속에 무엇이든 많이 알고 있는 놈, 노는 것이라면 절대 뒤지지 않는 놈, 이해심과 포용력이 있는 놈, 놀다가 잘 싸우는 놈, 남한테 지고는 못사는 놈, 모든 사람들한테 아쉬운 소리 한 번 안하는 놈, 마실 것을 좋아해서 늘 취해 있는 놈, 멀리 돌아다니기를 좋아하는 놈 등 이렇게 가지각색의 모두 다른 성격의 소유자들이었다.

그러나 사냥을 나가고자 할 때에는 모두 일심 단결하여 사냥을 나가 많은 것들을 사냥을 해왔고 주변의 모든 것들을 어떻게 사용하는가를 알고 있었다.

어느 날 그 중에 한 마리가 의견을 내놓았다.

야! 우리가 이대로 무작정 정글에서 하루하루 목표 없이 사는 것 보다는 무엇인가 보람되고 뜻이 있는 모임을 만들어서 앞으로 후배들과 태어날 자식들에게 본보기가 될 수 있도록 했으면 좋겠다.

너희들은 어떻게 생각하니?

우리는 모두 다 공감을 하고 그래 좋아! 그러면 어떻게 하면 될까? 모두 고민과 고민을 하던 끝에 그러면 우선 이름부터 짓고 다음을 생각해 보자

이름을 어떻게 지을까 고심 끝에 우리가 비록 동물로서 만났지만 야성미가 넘치고 지적인 사람처럼 한번 살아 보자. 즉 푸른 초원에 바람을 일으키며 날렵하고 유연한 몸매로 사냥감을 향해 용감하게 질주하여 일격에 쓰러뜨리는 표범의 강인한 체력과 용맹스러운 모습으로 살아 보자는 뜻에서 우리들을 레오파더라고 하면 어떨까? 그때부터 모든 정글의 동물들은 그들을 '레오파더' 라 부르기 시작하였다.

그리고 두 번째로 우리 비사벌 정글에 씨를 뿌리자.

야성과 지성을 겸비한 씨를 찾아 건강하고, 사냥을 나가 뒤지지 않고, 앞장서서 우리 조직을 이끌어 나갈 씨를 뿌리자. 앞으로 영원히 우리가 세상을 등지고 저세상으로 가더라도 남을 수 있도록 해보자.

그래서 그들은 일 년에 한 마리에서 세 마리 까지만 씨를 뿌려 자식을 낳기로 결정하였다. 씨를 뿌려 너무나 좋은 결과가 나타났고 정말로 비사벌에서 어디에 내놓아도 빠지지 않을 그러한 레오파더를 태어나게 하였다.

그러나 시간이 흐름과 함께 정글의 위기가 첫 번째 다가왔다. 모두들 대한민국이라는 큰 정글에서 3년씩 용병으로 가서 복무를 해야 한다는 정글의 법칙을 무시하지 못하고 복무하고 있던 중이었다. 이 첫 번째 위기를 잘 극복해 준 레오파더가 있었다, 그들은 레오파더 네 번째 씨종들이었다. 이 네 번째 씨종들로 인해 레오파더는 튼튼하고 단합된 가족으로 성장하여 누구도 무시 못할 대가족으로 번창할 수 있는 토대가 마련되었던 것이다.

그 결과 많은 레오파더들이 서로의 특기와 적성을 살리고 장단점을 보완해 가면서 우리만의 꿈을 실현시키기 위해 많은 노력을 해왔다.

그러던 중 큰형님께서 제안을 하셨다. 우리가 정글 안에서 뛰고, 놀고, 연구하고, 나이가 들어 정글을 물려줄 시기에 대비하여 우리들만이 가져야 할 공간의 필요함을 느끼고 스포츠타운을 건설하자는 것이었다. 그래서 우리는 미래를 향해 평생회원이라는 명분 아래 한 냥, 두 냥 평생회비가 모아지기 시작하여 어느 정도 잘 이끌어 나갔는데 회원 중 한 마리가 자기의 분수를 모르고 실수를 범하는 통에 그 스포츠타운에서 수영도 하고, 골프도 치고, 헬스도 하고, 연구도 하고, 사우나도 하려고 했던 우리 평생 소원이 무너져 버렸다.

시간이 흐르면서 정글은 변해가기 시작했다. 일천구백팔십칠년 칠월 다른 조직의 무리들이 비사벌을 장악하기 위해 온갖 방법으로 우리 레오파더를 음해하고 자기들만의 단합으로 우리들의 조직을 와해하기 위해 개, 원숭이, 맷돼지, 늑대, 청설모, 여우 등 모든 동물들을 끌어들여 세력을 확대해 나가기 시작하였고 현재도 가리지 않고 끌어 모으고 있다.

전북의 정글을 벗어나 더 넓은 정글을 개척하기 위해 일천구백구십년부터 분가를 시작하였다. 정글이 넓은 경기도와 충남으로 하나, 둘씩 분가를 나가기 시작하여 경기도와 충남의 정글을 장악하기 시작하였다.

현재는 경기도, 전남, 충남 정글을 누비고 있는 레오파더 이십여 명이 활기차게 활동하고 있다.

일천구백구십구년 이상한 조짐이 보이기 시작하였다. 해마다 태어나는 너무 똑똑하고 머리가 좋은 레오파더들로 하여금

위기가 다시 닥쳐왔다.

그것은 너무나 영리하고 똑똑하다 보니 자기만이 아는 자기 이기주의 집단으로 변모를 하기 시작했던 것이다. 이것은 아주 위험한 조짐이었다. 다른 동료의 도움 없이도 나 혼자 충분히 모든 일을 할 수 있다는 자신감과 생각으로 대화와 만남이 멀어진 것이다. 그러면서 레오파더라는 소속감 및 참여정신과 주인의식이 희박해지기 시작하였다.

이천사년 구월 오일 엄청난 일이 우리에게 닥쳐왔다.

전라북도의 정글을 평정하자고 누누이 말해 왔던 형제!

1세기에 한번 나올까 말까한 창단기 형제의 죽음이었다. 너무나 안타깝고, 너무나 슬펐고, 너무나 형언할 수 없는 형제의 죽음, 이를 어찌 표현하겠는가?

저세상에서 아마 우리 레오파더의 일거수일투족을 보고 있을 것이다. 부디 저세상에서 행복하고 즐거운 생활이 되리라 믿으면서 우리 모든 이들을 위해 기도해 주기를 바랄 뿐이다.

시간은 우리를 기다려주지 않고 십여 년이 훌쩍 넘어가는 사이 많은 시련과 시행착오 끝에 이제 다시 시작해야 한다는 생각을 모두 다 갖기 시작하였고 레오파더의 재도약을 위해 다시 뭉치기 시작하였다. 누구라 말할 것도 없이 서로 마음을 다지면서 힘차게 딛고 일어서 커다란 레오파더의 역사의 장을 새롭게 쓰기로 하였다.

이천칠년 유월 십오일에는 많은 레오파더들이 단합된 모습을 보여주었고, 우리는 새로이 대한민국 모든 정글과 전라북도의 정글을 멋있고, 활기차게 누비고 있나.

올해는 레오파더가 세상에 태어난 지 30년이 되는 해이며 성년을 넘어 중년으로 들어서고 있다. 이천칠년 팔월 삼일과 사일 30주년 행사를 통하여 앞으로 더욱더 발전된 모습을 보여줄 것이다.

옛 비사벌 정글의 전성기를 되찾아 가고 있다.

변함없는 가족으로 항상 만나고 싶은 레오파더인으로, 레오파더하면 1순위에 올려놓고 한걸음 한걸음 앞으로 질주해 나가자.

우리 앞을 무엇이 가로 막을 수 있겠는가?

우리가 하고자 하는 일을 누가 막을 수 있겠는가?

우리가 힘을 모으면 못할 것이 무엇이 있겠는가?

20주년 행사에서 큰형님께서 말씀하신 내용을 되새겨 본다.

'21세기를 대비하여 여러 가지 수익사업으로 활발한 연구활동과 지역사회체육 및 각종 스포츠 활동 지원을 주도적으로 이끌어 가야한다, 그리고 각종 스포츠 대회를 개최하여야 하며 체육대학을 설립하여 후배들을 양성하고, KOC. IOC위원도 배출할 수 있도록 하여야 한다고 강조를 하였다.'

우리 레오파더의 미래가, 우리 레오파더의 가는 길의 도움닫기가 너무나 길어서는 안 된다. 체조 도마경기가 25m 안에서 도움닫기가 이루어지듯 우리의 도움닫기도 이제는 끝났다.

손 짚고 공중에서 멋진 동작을 활짝 펼치면서 안정되게 착지하는 것만이 남아 있다.

2007. 06. 26. 레오파더 30주년을 맞이하며

하루 즐거움이 들숨 날숨만큼만

우리 인간은 하루에 숨을 몇 번이나 쉬고 살까요?

신생아는 분당 40-70회

성인 남자는 13-18회

성인 여자는 16-22회

정상 성인은 평균 13-22회 정도라 합니다.

그러면 20회를 평균으로 잡았을 경우 1일 24시간이면

28,800회 계산해 보니까 엄청난 들숨과 날숨이네요.

오늘 하루도 우리가 쉬는 들숨 날숨만큼만 즐거움과 행복함과 기쁜 일과 아름다운 일들만 이루어졌으면 합니다.

즐거움 7,200번, 행복 충만감 7,200번, 기쁜 일 7,200번,

아름다운 생각 7,200번

와!

하루 종일 행복지수 만점 오케이!

모두 모두 즐겁고, 행복하고, 기쁘고, 아름다운 하루 되세요.

2007. 05. 31.
진안여중 3-1반 교실에서 아침에

우리의 만남은?

실존주의 철학자 야스퍼스는 인생의 만남에는
두 가지가 형태가 있다고 했습니다.
하나는 겉 사람과 겉 사람끼리의 피상적인 만남이요.
다른 하나는 인격과 인격끼리의 깊은 실존적 만남이라는 것입니다.

예수와 베드로의 만남은
혼과 혼의 깊은 종교적 만남이고
공자와 안회의 만남은
성실한 교육적 만남이며
괴테와 실러의 만남은
이성과 이성의 맑은 순애적 만남이라고 합니다.

나와 너와의 깊은 師弟의 만남
이것은 우리만 느낄 수 있는 만남이요.
나의 참과 너의 참이 만나는 것처럼
기쁘고 행복한 일은 없습니다.

2007년 5월 12일 18시
너무나 소중한 만남을 만끽했습니다.
그리고 즐겁고 행복한 만남의 날이었습니다.

아산중학교 11회 졸업생 여러분!
여러분 모두 사랑합니다.
그리고 우리의 만남이 헛되지 않고
변하지 않도록 행복하고 즐거운 마음으로
여러분들의 2세를 위해
하루하루를 보낼 겁니다.
아산중학교 11회 졸업생 파이팅!

2007.05.12.
아산중학교 제자들과 함께하고 나서

성식이의 청첩장

어제 출근하니 체육고등학교에서 근무할 때 제자 성식이한테서 오랜만에 한 통의 전화가 왔다. 잘 계시는지 안부 전화 겸 오후 9시쯤 서울에서 내려와 찾아뵙겠다는 내용의 전화였다.

막상 제자한테 전화를 받고 나니 반가웠지만 무슨 일로 찾아오는 것인가 내심 여러 가지 생각을 할 수 밖에 없었다.

요즈음 이도 안 좋아 술도 마시지 않고 있는 중이라 집에서 기다리고 있으니 8시 30분쯤 도착했다는 전화가 왔다.

그런데 혼자가 아니라 둘이서 왔다. 사귄지 벌써 6년이나 되었고 4월 23일에 결혼을 한다고 청첩장을 가지고 직접 서울에서 전주까지 나를 찾아온 것이다.

주례 부탁도 아니면서(마음속으로는 쪼끔은 서운했다. 주례를 부탁하지 않아서) 너무나 나한테 미안해서 주례를 부탁드릴 수가 없었단다. 오랜만에 만나 많은 대화를 나누었다. 대화 내용은 단연 학창시절의 이야기였다.

성식이 왈!

자기가 말썽을 너무나 많이 피워 내가 부분 탈모증이 생겨서 한참이나 고생했다고 죄송스러워 했다. 나는 까맣게 잊어버리고 있었는데 말이지 그렇게 이야기 하니까 11년 전의 일이 주마등처럼 스크린 되었다.

거기에는 그만한 이유가 있었다.

학교 안 다닌다고 가출을 두 번이나 했었고, 그래서 내가 익산에서 한참이나 떨어진 곳에서 할머니와 함께 살고 있었던 집에 여러 번 찾아갔고, 한번은 서울에서 전국체전을 얼마 남겨 놓지 않고 이탈하여 통닭집에서 돈 번다고 있는 것을 속된 말로 잡아온 적도 있었고, 의협심이 강해 친구들과 사고를 치면 모두 다 자기가 뒤집어쓰고 감당해 냈던 성식이었다.

예를 들면 전지훈련 중 파출소에서 전화가 와서 가보니 4명이 그때 초등학교 운동장에서 다른 2명을 두들겨 패서 폭행죄로 잡혀있는 중이었다. 화가 났지만 그래도 합의를 해야 풀려날 수 있어 지금 생각으로는 아마 35만원인가 주고 합의한 것 같다. 그 때 합의금을 주면서 나중에 어른이 되어 돈을 벌어서

갚으라고 했는데 어느 날 노래가사처럼 성식이는 불쑥 나한테 나타나 봉투를 내밀었다. 첫 월급을 타서 선생님 뵐려고 곧장 왔노라고 말이지 이런 성식이다.

그래서 나는 성식이를 마음속으로 많이 생각하고, 내 한쪽 마음속에 항상 간직하고 있는 아이다. 아니 이제는 결혼을 할 나이가 되어 삼십이 다되었으니 아이라고 부르지 않아야겠다.

이러한 성식이가 결혼한다고 결혼할 여자 친구와 결혼하기 전 인사를 드린다고 찾아왔으니 내가 얼마나 행복한가.

내가 전화로 하고 청첩장만 보내지 그랬어!

그러니까 성식이 왈! 6년 전에 익산에서 선생님 뵈었을 때 자기 여자 친구가 있다고 선생님께 소개시켜 드린다고 하니까 내가 그랬단다.

결혼할 여자 친구 아니면 소개시키지 말라고 그래서 6년 동안 사귀고 결혼할 친구를 데리고 왔노라고.

나의 말 한마디 한마디가 우리 아이들한테는 커다란 영향을 미친다는 것을 새삼 다시 한 번 되새겨 보면서 교직에 몸담고 있는 동안 항상 삼사일언(三思一言)을 해야겠다는 다짐을 했다. 인성교육이란 지식을 머릿속에 쌓아 담듯이 그 효과와 결과가 곧바로 나타나는 것이 아니라는 것을 느끼면서 · · · .

나 혼자 감회에 젖어 흐뭇한 마음으로 먼 훗날 이렇게 나에게 조심스럽게 살며시 다가오는 이러한 즐거움과 만족감 그리고 행복감을 만끽해 본다.

또한 이것이 내가 교직에 있는 가장 큰 행복이 아닐까 생각하며….

2006. 04. 08.

부모님의 영양분

우리 모두 엄마 뱃속에서 영양분을 섭취하여 자라났듯이 엊그제 촉촉이 내린 봄비로 인해 온 대지의 아름다움은 이제 하느님이 만드신 최고의 작품으로 우리에게 다가올 것이다.

이러한 아름다움을 생각하면서 버스에 올랐다.

오늘은 6일장인 진안 장날이다.

그래서인지 버스 안에는 승객들이 평일보다는 많이 승차를 하였고, 승객들 대부분이 일흔이 넘으신 어르신들이었다.

신문을 읽으면서 귓가에 들리는 어르신들의 대화소리에 나도 모르게 쫑긋해졌다.

할머니 : 장사는 잘되시오?

할아버지 : 뭐 그저 그렇지 뭐!

할머니 : 그리여 예전 같지가 안혀

할아버지 : 그걸 인제사 알았간디.

할머니 : 자식은 몇 명이나 뒀대요.

할아버지 : 몇 명 안되는구먼요.

할머니 : 몇 명인디요.

할아버지 : 머슴아가 다섯, 가시내가 셋이요.

할머니 : 그래도 좀 되는고만요, 어디서 사는디요.

할아버지 : 부안서 사는 놈도 있고 타지에서 사는 놈도 있고.

할머니 : 가르치느라고 맘깨나 썼겄네요.

할아버지 : 돈 벌어서 다 그리 갔어~

그랬다. 우리 때는 모두 집집마다 보면 서너 명은 기본이요, 육칠 명은 대부분이었다. 우리 집도 2남 4녀니까 말이지.

우리 부모님께서도 이 분들과 같이 자식들을 위해 애쓰셨고, 살아계시는 동안 계속 영양분을 주시고 늙어만 가신다.

매일 아침 학교에 출근하면 부모님께 전화드리는 것으로 일과를 시작하지만 오늘은 유달리 부모님의 옛 젊으셨던 모습들을 되새겨 보면서 목소리를 들을 수 있었다.

2006. 04. 19.

Always with daughters

2003년 4월 22일 오늘은
31명의 딸들과 함께 매우 의미 있는 하루였다.
Why?
우리 3학년 1반 31명은
벗꽃 3그루를
참여의식과 주인정신을 갖기 위해
십시일반으로 구입하고 희망사항을 적어 넣어
타임캡슐과 함께 식수를 하였기 때문이다.
이 3그루의 나무가
10년 후 우리들이 만날 때까지
아주 건강하게 성장함과 동시에
우리 31명의 딸들도 항상 미래지향적이고
진취적인 생각으로 건강하게 성장하여

10년 후에 다 함께 이 자리에서

만날 수 있기를 바라면서….

그러면 10년 후 나는 어떻게 변해 있을까?

그것은 10년 후 타임 캡슐을 꺼내보면 알거야 ㅎㅎㅎㅎ

언제나 딸들과 함께하는 멋있는 아빠가….

2003. 04. 22.

진안여중 3-1반 교실에서 아침에

못 다한 이야기

하나 | 고마운 선생님들께

둘 | 쾌적한 환경개선

셋 | 학생 사안일지 및 위험한 건물 일지

넷 | 학생들이 만든 윤준호 자서전

즐겁고 행복하게 생활할 수 있도록 만들어 주신 선생님들께 감사를 드립니다

2014년 2월 도교육청 인사에 의해 저는 군산시내 군산진포중학교 교장으로 부임하였습니다.

교직생활을 하면서 군산지역에서는 한 번도 근무를 한 적이 없어서 군산진포중학교가 어디에 있는지 몰랐습니다.

그래서 인사담당자한테 전화를 해서 그 쪽으로 보내려면 정읍으로 인사이동을 시켜주지 그랬느냐고 짜증을 냈습니다.

왜냐하면 어머니께서 운명하신 지 2개월이 채 안 되는 시점이었고 아버지께서는 홀로 정읍 고부에 계셨기 때문이었습니다.

담당자 왈!

"한번 가보시지요. 정읍에는 그렇게 큰 학교가 없습니다. 20~30명도 안 되는 학교에 가시려고 그러세요. 가셔서 더 좋은 학교로 만들어 놓고 오시면 좋겠습니다." 라는 말을 듣고 내 나름대로 학생과 선생님들을 위해서 조금이라도 변화를 시켜보자고 생각하면서 부임했던 군산진포중학교. 그렇게 1년, 2년, 3년, 4년이 훌쩍 지나가면서 이제 교육계를 떠나 제2의 인생을 시작해야 하는 시기가 되었습니다.

학생들과 함께 즐겁고, 재미있고, 행복하게 생활하시는 선생님!

부모님들과 대화를 통한 소통으로 아이들의 정보를 공유하시는 선생님!

말썽을 부리는 아이들을 잘 타이르고 다독거리면서 격려해주시는 선생님!

칭찬과 사랑으로 아이들 속으로 들어가 이해해 주시는 선생님!

너무나 잘 가르쳐 주셔서 학원을 안 보내기로 했다고 실력을 인정받는 선생님!

내년에도 담임을 해주셨으면 좋겠다고 신뢰를 받는 선생님!

이렇게 좋으신 선생님들과 함께 근무를 했다는 것은 인연이었고, 운명이며, 필연이었다고 생각을 합니다.

존경하는 진포중학교 선생님들!

사랑합니다.

고맙습니다.

감사합니다.

즐겁고 행복하게 생활할 수 있도록 만들어 주신 선생님들께 진심으로 고맙고 감사하다는 말씀을 드립니다.

선생님들을 잊지 않겠습니다.

쾌적한 환경을 만들 수 있도록 도움을 주신 분들께 감사를 드립니다

2014년 3월 부임을 하여 우리 학생들이 보다 더 깨끗하고 쾌적한 환경 속에서 학교생활이 이루어질 수 있도록 개선해야 할 사안들을 찾아보았습니다.

우리 진포중학교가 군산여자고등학교와 같은 울타리 안에 있다가 1976년에 건물을 완성하여 군산여자중학교로 분리되어 1977년에 현재 이 자리로 옮겨와서인지 개선해야 할 곳이 많아서 학부모운영위원님들하고 협의를 하여 실천에 옮기고자 노력을 하였습니다.

현안사업을 해결하기 위해 2014년 강대규 운영위원장님과 운영위원분들과 함께 김승환 교육감님 면담을 하여 학교의 어려운 실정과 현안사업을 설명해 드렸더니 도교육청에서 모든 시설 실사를 하고 현안사업으로 확정이 되어 가장 시급했던 교실 및 복도 리모델링과 식생활관 증축사업이 이루어졌습니다.

이렇게 노후화된 시설들을 쾌적한 학교로 만들어 주신

전라북도교육청 김승환 교육감님과 업무담당 관계자 여러분!

군산교육지원청 김원태 교육장님과 업무담당 관계자 여러분!

군산교육지원청 주광순 교육장님과 업무담당 관계자 여러분!

전라북도의회 최인정 의원님!

군산시의회 유선우 의원님!

2014~2018년도까지 우리 진포중학교 학교운영위원장님과 학부모운영위원 여러분!

이 노력이 헛되지 않도록 도와주신 모든 분들께 진심으로 고맙고 감사하다는 말씀을 드립니다.

교실과 복도 플로어링 교체

교실과 복도 바닥은 38년이나 된 플로어링으로 여기저기서 한 발짝씩 움직일 때마다 삐걱! 삐걱!

시험기간 동안 교과교사는 삐걱거리는 소리로 인해 설명도 제대로 하지 못하고, 감독교사는 학생들이 질문을 하면 혹여 피해가 갈까봐 돌아다니지도 못하게 되어 있었던 복도와 교실!

어디선가 으~악! 소리가 나서 뛰어가 보면 교무실과 교실에서 쥐가 나와 수업을 제대로 진행하지 못할 정도로 노후되어 있었던 교실과 복도 플로어링을 교체하였습니다.

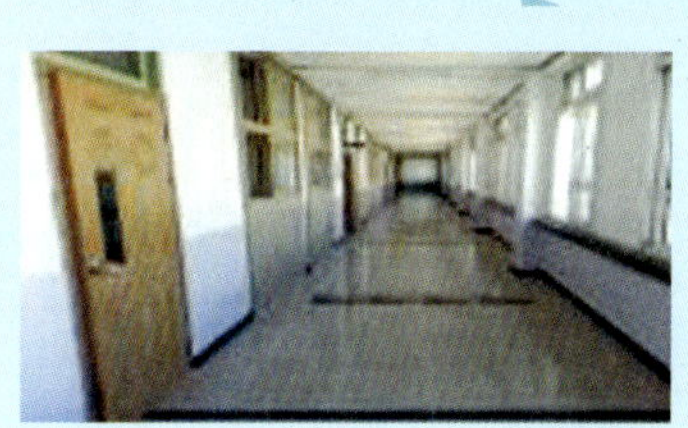

식생활관 확장

좁디 좁은 식생활관에 우유 냉장고와 잔반처리 통을 놓아두어 3교대로 점심식사를 하는 바람에 식사를 못하거나 늦게 하여 양치질은 물론 휴식할 시간이 부족하여 그대로 수업을 들어가야만 했던 식생활관!

3교대 252석을 2교대 372석으로 120석을 증가시켰습니다.

운동장 배수로 정비

학부모님께서 말씀하시기를 장마철이면 진포중학교 운동장을 보면 비가 어느 정도 왔는지 강수량을 가늠할 수 있었다는 운동장!
배수로를 정비하기 위해 군산시청과 협의하여 높이 2m가 넘는 하수구와 연결하여 배수가 잘 되도록 정비하였습니다.

쉼터 모정 설치

야외수업을 하거나 학생들이 수다를 떨 수 있는 쉼터를 설치하여 공간을 활용하였습니다.

음수대 설치

우리 아이들에게 가장 필요한 음수대가 2관 1층에 1대 밖에 설치되어 있지 않아 물을 마시고 싶어도 가지 않고 참는 학생들이 많아 1관, 2관 각 층마다 4대를 복도에 설치하여 충분히 마실 수 있도록 하였습니다.

태양광 가로등 설치

학교주변 주민분들께서 학교 내에 라이트 시설이 하나도 되어 있지 않아 어두워서 밤이 되면 무섭다며 교사 주변과 운동장을 밝게 해서 운동을 할 수 있도록 해주셨으면 좋겠다고 했던 운동장과 교사주변! 가로등 7개를 설치하였습니다.

운동장 나뭇가지 치기

운동장 담장에 몇 년 동안 나뭇가지 치기를 해주지 않아 학생들이 쉬는 시간과 점심시간 등 울창한 나무 사이로 들어가 담배를 피워도 보이지 않았던 나무숲! 전지작업을 하여 훤히 보이도록 하였습니다.

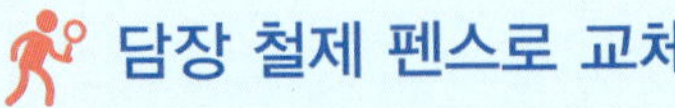

담장 철제 펜스로 교체

노후되어 금이 가고 막혀 있어 주민들과 소통하기가 어렵고 보기 싫었던 서쪽 담장과 운동장 쪽 담장! 철제 펜스로 교체하였습니다.

주차장 지붕 설치

주치장 지붕이 설치되지 않아 퇴근하면서 차에 오르면 엉덩이가 데일 정도로 열이 올라 있던 주차장! 지붕을 설치하였습니다.

진입로 소방도로 확보

건물에 화재발생 시 소방차가 진입하는데 어려워 소방도로를 확보하였습니다.

진입로 사괴석으로 교체

시멘트로 된 진입로를 육면체의 돌인 사괴석(사고석)으로 교체하였습니다.

3관 화장실 전자시스템화

화장실이 오래되어 학생들이 화장실을 가고 싶어도 가지 못하고 3관에서 1관과 2관으로 이동하여 해결을 했던 수세식화장실을 전자시스템으로 깨끗하게 바꾸었습니다.

이 외에도 학급칠판과 형광등 LED로 교체, 방송시설 교체, 전 교실 천정형 냉난방기 교체, 강당 냉난방 및 전열등 교체, 교실 및 복도 석면 등을 제거하여 우리 학생들이 쾌적한 환경에서 학교생활이 이루어질 수 있도록 하였습니다. 그리고 2018학년도에는 학급별 사물함을 교체하기 위해 5,300만원을 확보하였습니다.

이동훈 학생 사망에 관한 1. 학교장의 일기

첫째 날 2015.08.08.(토)

어젯밤에 태영이 형님과 한잔씩하고 저녁 9시 40분쯤 헤어져 집에 돌아와 잠이 들었다가 아침에 일어나 보니 밤 12시 45분경에 강재욱 선생님으로부터 전화가 한번 왔는데 받지 않으니 메시지를 보내 놓아서 확인을 할 수 있었다.

그 내용인즉 1학년 태권도부 이동훈 학생이 월명공원에서 운동을 하다가 쓰러져 혼수상태로 전남대병원에 입원해 있다는 것이었다.

급히 서둘러서 샤워를 하고 강재욱 선생님과 연락하여 박물관 주차장에서 만나 전남대병원으로 갔다. 어떻게 일어났는지, 어떠한 상황인지 자세한 내용을 인지하지 못한 채 병원에 도착하였더니 응급실에 혼수상태로 누워 있었다.

도착하자마자 가족들은 교장 선생님과 감독 선생님이 왜 이렇게 늦게 왔느냐면서 저녁 12시가 넘었더라도 달려와야 하지 않느냐고 다그치기 시작하였다.

가족 중 할머니는 자기 아들도 배구 선수도 하고 유도 선수도 하였다고 하면서 아이가 깨어나지 않으면 가만두지 않겠다고 하시면서 죄인 취급을 하였다.

전남대병원에 있는 동안 나는 잠시도 앉지 않고 서서 하느님께 기도를 드렸다. 응급환자실에 누워 있는 동훈이를 바라보면서 몇 번이나 하느님께 기도를 드렸다. '제발 우리 동훈이를 깨어나게 해주십시오. 14년 밖에 살지 않은 어린 동훈이에게 왜 그러십니까? 동훈이에게 힘을 주십시오.'

2일째 08.09.(일)

다시 전남대병원으로 갔다. 김영례 교감선생님께서도 와 봐야 도리라고 하시면서 병원으로 오시어 2일 동안 함께해 주셨다.

애간장이 끊어지는 느낌으로 매초 매시간을 기다리고 있었다. 처음에는 상태가 안 좋아져 준비를 하라고 하면서도 어떤 때는 상황이 호전되어 가고 있다고 담당의사는 말하였다.

이렇게 8일(토)과 9일(일) 오전이 지나고 있을 때까지는 나 자신도 정신이 멍하여 내가 지금 뭘 하고 있는지, 내가 존재하고 있는지조차 생각할 겨를이 없었다가 전남대병원으로 간지 하루 한나절이 지나서야 정신이 돌아오기 시작하였다.

이 상황을 어떻게 풀어나가야 할지 생각해 보았다.

첫째, 사실대로 원칙을 택할 것인가?

둘째, 무대응을 할 것인가?

셋째, 회유법을 사용해야 할 것인가?

넷째, 학부모님께서 원하는 대로 해주어야 할 것인가?

몇 번이고 우리 아이들을 특기자로 받을 때부터 하나하나 되새기며 문제점이 있었는가? 없었는가? 를 분석해보면서 정리를 하기 시작하였다.

특기자로 받았어도 큰 문제가 없다. 왜냐하면 특기자로 받았다 하더라도 꼭 학교에서 책임지고 운동을 시켜야 한다는 규정은 없다.

특기자로 배정받아 운영하는 방법을 생각해 보았다.

운영방법상으로 들어가 보자

우선 특기자로 배정받아 엘리트체육으로 운영하는 방법은 우리학교 수영부처럼 또한 축구, 야구, 농구, 배구 등 정식으로 창단과정을 거쳐서 창단을 하여 교육청에 보고하고 코치를 배정

받아 인건비를 우리가 지불하면서 운영하는 방법이다.

둘째, 특기자로 배정을 받았으나 학교 여건상 예산상의 문제와 코치배정 문제로 창단을 하지 않은 상태에서 학부모와 체육관 관장이 협의하여 자체적으로 운영하는 방법 즉 골프, 승마, 스포츠댄스, 에어로빅 등과 같이 운영하는 방법이다.

자 그럼 체육특기자로 배정받았다 하더라고 특별한 하자가 없다.

다음에 그럼 훈련방법은 어떠한가?

학교 운동부는 월별과 주별로 훈련계획을 세워 학교장 결재를 받아서 훈련을 실시하여야 하고, 특히 방학 동안에는 훈련계획서를 작성하여 결재를 받고 교육지원청에 보고를 하여야 하는데 이번 태권도 훈련은 이러한 과정을 하나도 거치지 않았다. 여기에서도 학교는 문제가 없다.

그리고 아직 우리 학교 태권도는 정식으로 창단하지 않았고 창단을 고려하고 있던 중이었다.

창단 시에는 교직원의 동의를 구하고, 학교운영위원회의 심의를 거쳐서 도교육청에 창단보고를 하고 코치를 배정받아야 하는데 우리는 아직 이러한 절차를 거치지 않았기 때문에 태권도부라 칭할 수 없다.

마지막으로 여름방학 동안에 훈련을 하라고 지시한 적도 없다.

그렇다면 내가 택할 방법은 학부모 가족들 기분을 상하지 않도록 하면서 사실대로 원칙을 고수하는 것이다. 아무 잘못이 없을 경우에는 비록 학교에서 책임을 회피한다고 여론에서 하더라고 사실대로 원칙을 택해야겠다는 판단이 섰다.

그래서 나는 동훈이는 태권도부가 아니며 학교에는 아무런 잘못이 없다고 직간접적으로 말을 했다. 예상보다 더욱 가족들은 반발을 하기 시작하였고, 왜 태권도부가 아니냐는 쪽으로만 생각하였다.

"나는 사실을 사실대로 이야기 할 뿐이다." 라고 맞받았고 급기야 가족들은 우리를 멀리하기 시작하였다.

3일째 08.10.(월)

아침에 행정적인 처리를 하기 위해서 전주에서 군산에 있는 학교로 가던 중 도교육청 이서기 장학사한테서 전화를 받았다.

동훈이가 06시 10분에 운명을 달리해서 병원비를 계산해야 하는데 누가 하느냐고 가족들한테서 전화가 왔다고 해서 내가 계산을 해준다고 하고 차를 돌려서 강재욱 선생님과 함께 전남대병원으로 이동을 하였다.

병원에 도착하니 이미 장례식장 영안실에 안치되어 있어서 들어가려고 하니 문 앞에 모친이 나와 있었다. 나는 감정이 복받치고 동훈이 생각을 하니 울음이 쏟아지기 시작하였다. 장례식장 앞 계단에서 머리를 부딪히며 얼마나 울었는지 모른다. 눈물이 펑펑 쏟아지는데 모친은 동훈이가 왜 태권도부가 아니냐며 동훈이 영정 앞에서 사과를 하라고 하였다.

응급환자실 업무과에 가서 병원비를 계산하였다. 병원비가 예상 외로 많이 나왔다. 7,091,550원, 카드 한 장가지고는 한도액이 초과되어 3장(병원비-우체국체크카드 3,557,550원. 삼성비자 2,000,000원. 신한카드 1,500,000원, 사망진단서-우체국체크카드 34,000원)으로 계산을 할 수 밖에 없었다.

전남대병원으로 가면서 교감 선생님께 전하여 전 교직원 비상대책회의를 08시 30분에 소집하시라고 하면서 모든 언론사의 전화는 교장의 휴대폰으로 일원화시킬 수 있도록 하고 교장이 직접 상대할 수 있도록 하였다. 그리고 전남대병원을 출발하여 동군산병원으로 이송하여 장례식 빈소를 마련했다는 소식을 접하고, 나와 강재욱 선생님이 먼저 조문을 하였다.

조문을 하는데 왜 이렇게 눈물이 또 쏟아지는지 앞을 볼 수가 없었다.

"동훈아! 너는 태권도부야 내가 잘못했다. 선생님이 잘못했어 너는 태권도부야 선생님이 부르면 이리 와야지 왜 거기에 그렇게 있니? 동훈아! 교장실 앞에 지나가면서 선생님! 불러서 어이 어서오너라 그러면 너는 그랬지. 선생님 배고파요 그러면 떡이며 사탕이며 주었잖니 왜 그러고 있니 선생님이 부르면 이리 와야지…."

얼마나 많이 눈물을 흘렸는지 모른다.

한참을 울고 나오니 부모님께서 교장 선생님은 가시라고 해서 슬픔을 안고 나올 수 밖에 없었다.

전 교직원과 학생, 학부모, 운영위원님들이 조문을 다녀왔고, 17시에는 체육부장과 학생부장이 경찰조사를 받으러 다녀왔다.

4일째 08.11.(화)

10시 00분

학교운영위원회를 소집하여 지금까지 사건 개요와 경과 그리고 사고발생 전 현황과 특기자를 배정받아 운영하는 방법에 대하여 자세하게 설명을 드리고 운영위원님들께서 모두 애도의 뜻을 표하였고 조문을 다녀오셨다.

11시 29분

전 학생과 학부모에게 학생사고에 대해 공지를 하였다.

죄인 아닌 죄인처럼 조문을 갔던 우리 교직원들은 그래도 13시 30분에 2차 조문을 갔고 14시 30분에 김승환 교육감님과 도교육청 이상철 인성건강과장, 남궁세창 장학관, 한상균 정책공보담당관, 군산교육지원청 교육지원과장, 행정지원과장, 건강안전과장, 임석주장학사 등이 함께 조문을 하였다.

그런데 교육감님과 도교육청에서 조문을 왔는데도 유족 측에서는 한 분도 인사조차 하는 사람이 없었다.

나는 속으로 무례한 사람들이다. 그래도 자식 영정 앞에 와서 조문과 애도를 표하는데 고맙다는 인사 한마디 없이 와 보지도 않는다는 것은 너무한다는 생각이 들었다.

교육감님께서 의기소침하지 마시라고 격려해 주셔서 한편 우리학교 교직원들과 함께 힘을 받을 수가 있었으며 옆에서 한 분이 여론에서 우리가 책임을 회피한다고 그런다고 그러니까 교육감님께서 "그래서 저는 신문과 방송을 보지 않습니다." 라고 말씀하셨다. 나는 그 자리에서 분명히 말씀을 드렸다. 제가 보고 드린 내용은 하나도 더도 덜도 없이 사실을 사실대로 보고 드렸다고 말씀드리니 교육감님께서 그래서 저는 보고내용만 가지고 믿는다고 하셔서 무척이나 고맙고 감사했다.

그리고 전라북도체육회 최형원 사무처장과 전라북도태권도 협회 유형환 회장님께서도 조문을 다녀가셨다.

13시 30분

비상대책회의를 소집하여 각 부장님들께 그간의 사건개요, 경과, 사고발생 전 현황과 특기자 운영방법 그리고 운동부 창단 시 필요한 내용 등을 설명하고 부장님들은 오후에 조문을 다녀왔다.

16시 00분

학생부장을 통해서 내일 아침 07시에 발인을 하는데 학교에 들러서 간다고 해 학교에서는 교감, 행정실장, 학생부장과 학생부 선생님들께서 노제를 준비하셨다.

17시 30분

그런데 뜻밖에도 유족으로부터 내일 발인을 취소한다는 얘기를 교무부장을 통해서 듣고 혹시나 브로커가 끼어 들지 않았나 찾아보기 위해서 체육부장과 학생부장을 보내 상황파악을 해보라고 지시를 하였다.

왜냐하면 이러한 사안에서는 브로커가 끼어들어 상황을 어렵게 만들기 때문에 사전에 파악하여 제거를 해야 하기 때문이다.

시간이 흐른 후 학생부장한테서 연락이 왔다. 유족 부친께서 교장 선생님과 대화를 하고 싶다고 해서 순간적으로 가서 대화를 할 것인가? 하지 말 것인가? 를 판단한 결과 지금 발인을 하루 미룬 상태에서는 가지 않는 것이 더 도움이 될 것 같아서 가지 않기로 하고 군산교육지원청 임석주 장학사한테 연락을 하고 도교육청 이상철 인성건강과장이 와서 한번 어찌된 사유인지 알아봤으면 한다고 전하였는데 이상철 인성건강과장은 한상균 정책공보담당관이 갔으면 좋겠다는 의견이 나와 한상균 공보담당관과 협의한 결과 일단 발인을 하루 연기한 지 얼마 되지 않았기 때문에 지금은 협상할 시기가 아니고 내일 아침에 했으면 좋겠다는 의견을 들었다.

18시 00분

교육복지실에서 강대규 학교운영위원장님과 함께 비상대책위원회를 소집하였다.

19시 30분

유선우 시의원, 최인정 도의원과 전화통화를 하여 우리 강대규 위원장님과 함께 왜 발인이 하루 연기가 되었는지 사유를 알아보시라고 전하니 세 분이 함께 동군산장례식장으로 이동을 하여 유족 측과 대화를 시도하였다.

발인을 연기한 이유는

– 학교 측과 대화 부족

– 장례식장비 부족

– 안전공제회 문제 등을 언급하였지만 가장 문제가 되었던 부분은 장례식장비가 없어서 하루 연기했다는 소식을 듣고 보니 마음이 너무나 아팠다.

5일째 08.12.(수)

11시 14분

유선우 시의원님으로부터 내일 07시에 발인 한다고 비공식적으로 접수하였다.

11시 30분

류철종 학생부장한테 내일 07시에 발인을 한다고 공식적으로 연락을 받았다.

유선우 시의원과 용인대 천하태권도 체육관장과 만나서 협의를 한 결과 이 사건의 당사자인 서탁 관장이 장례식장비를 지불하기로 하였다는 소식을 접하였다. 애써 주신 유선우 시의원님께 진심으로 감사를 드린다.

14시 00분

긴급 부장회의를 소집하여 대책을 논의하고 사건 개요와 경과를 자세하게 설명을 드렸다.

15시 30분부터 전 교직원 3차 조문을 실시하기로 결정하였다.

14시 40분

학생 및 교사들에게 내일(목) 07시에 발인하는데 참석할 수 있도록 문자를 보내고, 학부모님께도 아이들에게 알려주실 수 있도록 문자를 보냈다.

15시 30분

학교장, 교감, 부장 및 교사들과 함께 조문, 유족 측 부모님께서 학교장과 면담요청을 해와 요청에 임해 안전공제회 보상 문제는 최선을 다하겠다고 말씀드리니 유족 측에서 속는 셈치고 믿어보겠다는 말씀이 있었다.

17시 30분

발인대비 식장 설치 완료.

영정사진 놓을 곳과 국화 300송이와 플래카드 "못다 이룬 꿈 하늘나라에서 이루기를…." 만들어서 설치하였다.

너무 피곤하고 전주까지 퇴근하기도 힘들어서 김정백 선생님과 강재욱 선생님과 함께 군산모텔에서 숙박을 하였다.

6일째 08.13.(목)

06시 00분

전 교직원들은 미리 와서 노제를 준비하고 우리 학생들도 06시 30분부터 하나 둘씩 오기 시작하였다.

학생부장의 지시에 따라 조문하는 요령을 듣고 모두 다 조용하고 숙연하게 운구차를 기다리고 있었다.

우리 아이들이 왜 이렇게 예쁜지 780명 전교생 중 어렴풋이 400여명은 오지 않았나 생각이 들었다.

07시 20분

운구차가 교문 앞에 도착하였다.

내가 교문 밖에서 영정을 받아 꼭 껴안고 복받치는 울음을 참은 채 눈물만 흘리면서 영정을 모시고 그 앞에서 큰 절을 두 번 한 다음 전 교직원 국화 헌화와 학생회 간부들 헌화, 그리고 1학년-2학년-3학년 순으로 헌화와 묵념을 하고 나는 영정 앞에서 한참을 묵념을 한 다음 영정을 다시 껴안고 운구차로 이동하여 영정을 전하고 운구차를 보냈다.

07시 40분

운구차를 먼저 보내고 임피에 있는 승화관으로 우리 선생님들과 함께 이동을 하였다.

08시 30분 승화관 도착

09:00시에 문을 여는 관계로 기다렸다가 운구가 승화관으로 들어가는 것을 보면서 가족, 교직원, 군산지역 태권도관장들 모두 눈물을 쏟아내기 시작하였다.

10시 20분

한참을 기다리다가 유골함이 나와 가족들과 함께 추모관으로 이동하였는데 동훈이 모친께서 얼마나 서글피 우시는지 모두 다 또 울지 않을 수가 없었다.

내 모친께서 돌아가셨을 때도 이렇게 많이 울지는 않았는데 왜 이리 슬프고 마음이 아픈지 나는 60년을 살았는데 동훈이는 이제 14년 밖에 살지 못하고 하느님 곁으로 간다고 생각하니 마음이 너무나 아팠다. 내 자식이었다면 나는 어떠했을까 하는 생각이 자꾸 떠올라 눈물을 멈출 수가 없었다.

유족 측에서 선생님들과 점심을 같이 했으면 한다고 해서 선생님들께 여쭤봤더니 하지 않고 그냥 가겠다고 해서 모두 다 학교로 들어가기로 하고 선생님들께 여기까지 함께 오셔서 슬픔을 같이 해주셔서 고맙다는 인사를 하고 학교로 돌아왔다.

오는 즉시 최인정 도의원과 통화를 하여 교육감님과 부교육감님께 면담요청을 해달라고 부탁하여 다음 주 월요일 16시에 면담 시간을 잡았다고 연락이 와서 월요일에 도교육청에 들어가기로 했다.

08.17.(월)

16시 00분

강대규 운영위원장님, 최인정 도의원님과 함께 먼저 교육감님을 뵈었다. 나는 먼저 일어나서는 안 되는 마음 아픈 일이 일어나서 죄송하고 제가 학교관리를 잘못하여 심려를 끼쳐드려서 죄송하다는 말씀과 관리 잘못의 모든 책임을 학교장인 제가 지겠다고 말씀을 드리고 제가 오늘 찾아온 것은 장례식장비가 없어 발인을 하루 연기했다는 소식을 접하고 마음이 너무 아프고 눈물이 났다고 말씀을 드리고 현재 전개되어 온 과정과 상황으로 봐서는 안전공제회 보상이 불투명하여 교육감님께서 도와주신다면 어려운 일이지만 조금이라도 일이 쉽게 풀리지 않을까 해서 찾아뵈었다고 말씀을 드리니, 교육감님께서도 최선을 다해서 도와주시겠다는 말씀을 하셨고, 병원비 문제도 도교육청 예산과와 상의해서 학교에서 처리할 수 있도록 당부하셨다.

그러나 학교에 예산이 없고 예산이 있다 하더라고 유족측은 보상도 받지 못하고 있는 현시점에서 학교장이 자기 돈만 챙겼다는 말을 들을 수가 있어 병원비는 이야기하지 않기로 하였다.

내가 분석한 사건 발생의 3가지 요인

첫째, 65kg급 체급에 출전하는 관계로 체중조절을 위해 며칠 전부터 식사를 제대로 하지 않았고, 그날 당일에도 밥을 먹고 운동을 하면 구토를 한다고 아침식사를 거른 채 운동을 하러 나갔음. 당일 아침을 먹었다면 국이나 물을 조금이라도 마셔서 탈수현상은 나타나지 않았을 거라는 판단이 됨.

둘째, 체육관 관장의 훈련계획에 문제가 있었다고 생각을 함.

무더운 여름방학 때에 체력훈련을 할 때에는 시간적인 여유가 있기 때문에 통상적으로 새벽에 훈련을 실시하는데 09시에 체력훈련을 했다는 점이 이해가 안 가고, 시합을 일주일 앞두고는 기술 기량 테크닉과 이미지트레이닝 그리고 컨디션을 조절

하는 게 상식이라 생각함.

셋째, 군산시내 119와 병원 의료체계에 문제가 있다고 봄

119에 신고한 시간이 11시 21분인데 군산시내에 구급차가 총 6대가 있는데 사건이 발생한 날에는 군산시내에 119 구급차가 없어 다른 곳에서 협조를 받느라고 29분이나 경과되었고, 동군산병원에서 원광대 병원으로 옮겼지만 응급환자로서 치료를 받지 못하였고, 다시 전남대 병원으로 이송이 되었는데 여기에 소비된 시간이 9시간 20분이나 걸렸다는 것은 문제가 있음.

[결과]

경찰조사 후 검찰에 송치되어 공소권 없음으로 판결이 나왔다.

2. 학교 상황일지

태권도부

- 태권도부를 구성하였으나 예산편성이 안되어 창단 승인 신청을 하지 않았고, 현재는 준비과정이어서 학교장 승인으로 훈련계획을 하지 않았음
- 훈련과 대회 준비는 각자 태권도장에서 관장의 지도하에 개인훈련을 하였고 출결 및 대회관련 서류는 학교에서 해주는 형태임
- 교육청 목적사업비 1,800,000을 받아 용품을 구입하여 지원하고 나머지는 2학기 선발전에 사용하려고 함.
- 7.17 보건교사가 여름방학 중 건강생활에 폭염피해예방 건강수칙에 대한 가정통신문 발송 및 홈페이지에 게시함
- 7.20(월) 방학일과 8.4.(화) 폭염에 대비하여 야외활동을 자제해 줄 것을 학부모 전체에게 메시지 전송함

문자 내용

<진포중 알림>
하절기 및 여름방학 중에는 학생들의 학교 밖 야외활동이 많아지는 시기로 특별한 안전대책이 요구됩니다. 물놀이, 폭염 등의 안전대책을 마련하여 본교 홈페이지에 공지사항에 안내하였습니다. 안전사고 예방에 철저를 기하여 주시기 바랍니다.

8.7.(금)

9:30-11:20 월명산에서 체력단련 활동하고 이동훈이 쓰러짐

11:21 119 신고

11:50-14:00 동군산 병원 도착

14:40 원광대 병원에 도착

20:40 전남대 병원에 도착

8.8.(토)

0:45 강재욱 선생님으로부터 문자왔으나 다음날 7:00경 문자 확인

9:30-18:00 교장, 강재욱 전남대병원, 교육장에게 학교장 구두 보고

9:30 교육청 최초 사안보고

11:00-18:00 교감, 담임 정주영 오는 도중 한고비를 넘겼다는 소식 듣게 됨

8.9.(일)

10:00 새벽부터 동훈이 상태가 더 나빠졌다는 소식을 듣게 됨

12:30 군산시교육청 평생건강지원과장과 임석주 장학사 오심

13:00 도교육청 담당 장학사 두 분 오심

14:00 교직원비상대책회의 소집공지

8.10.(월)

6:10 전남대병원에서 사망

교장, 강재욱 선생님 전남대병원으로 가서 병원비

(7,090,000) 정산

8:30 전 교직원 비상대책 회의

9:30 동군산병원 장례식장 도착

전 교직원과 학생, 학부모, 운영위원 조문

17:00 체육부장과 학생부장 경찰조사 받으러 감

8.11.(화)

10:00 임시운영위원회 소집

11:29 전 학생과 학부모에게 학생 사고에 대한 공지-애도와 조문

13:30부터 전 교직원 조문

14:30 교육감, 도교육청 인성건강과장, 군산교육청 교육지원

과장, 행정지원과장, 장학관, 장학사 조문

16:00 발인 학교 노제 준비 – 교감, 학생부장 외 3인

17:30 유족으로부터 발인 취소하겠다는 얘기를 교무부장으로부터 들음–유족측과 대화 시도하기 위해 체육부장과 학생부장이 장례식장으로 감

18:00 교육복지실에서 비상대책회의 시작–운영위원장 참석

19:30 운영위원장, 최인정 도의원, 유선우 시의원이 유족 측과 대화 시도

20:45 운영위원장으로부터 발인 취소한다는 최종 통보 받음

20:51 발인 잠정 연기 되었다고 학부모님과 학생에게 문자메시지 발송

8.12.(수)

11:14 유선우 의원으로부터 내일(목) 7시에 발인하기로 했다는 연락 받음(비공식)

11:30 류철종 학생부장 선생님으로부터 공식적으로 연락받음

– 발인 8.13.(목) 7시 예정, 장례식장 비용은 용인대 천하 태권도장 관장이 부담하기로 함

14:00 긴급 부장회의 소집 대책 논의

– 15:30부터 전교직원 조문하기로 결정

학부모와 학생들에게 발인 날짜, 시간, 문자메시지 보내기로 함

14: 40 학생과 교사에게 내일(목) 7시에 발인하는데 참석할 수 있도록 문자 발송. 학부모님께도 아이들에게 알려주실 수 있도록 문자 발송

15:30 부장 및 교사들 조문 실시

17:30 발인 대비 식장 설치 완료

8.13.(목)

6:30 발인 식장 준비

7:00 전 교직원 및 학생 400여 명 도착

7:20 운구 행렬 도착하여 장례행사

7:40 운구 행렬 출발, 교직원 동행

8:50 승화원에서 화장

10:20 승화원 추모관 안치

강당외벽 화강석 낙석 일기

2016. 4. 6.(수)

오전 11시 48분경에 김정백 체육부장으로부터 보고를 받았다.

보고를 받고 가서 보니 강당 농구장 쪽으로 건물 외벽 3층 높이에 멋을 부리기 위해 설치해 놓은 구조물 화강석 5개 중 1개가 바닥으로 떨어져 아래에 있던 보도블록이 깨져 있었다.

확인을 하고 이 건물이 언제 어디에서 시공을 하고 누가 담당자였는가 확인을 하기 위해 건물 주변을 3바퀴를 돌아보아도 찾아볼 수가 없었다.

그래서 행정실장님한테 문의해 보니 실명세가 2000년도 이후에 이루어졌기 때문에 그 이전에는 아무런 표시가 없다고 하였다.

세상에 이렇게 큰 건물을 지으면서 구조물을 시멘트 몇 번

발라 붙여 놓았다는 자체가 상식적으로 이해가 가지 않았다.

그것도 3층 높이에 100Kg에 가까운 화강석을 설치했다는 자체가 도무지 납득이 되질 않았다.

김정백 체육부장한테 지시하여 바로 위험 라인을 설치하라고 해서 핸드볼 골대와 농구 골대를 이용하여 설치하였다.

그리고 언제 떨어졌을까 생각을 해보았다.

등교 후 아이들 수업시간이나 일과시간이었다면 와서 이야기를 했을 텐데 그것은 아닌 것 같고 그렇다면 어제 저녁이나 우리 학생들 등교 전이나 수업이 없을 때인 것 같다.

우리아이들이 운동을 좋아해서 농구, 축구를 많이 하면서 그쪽이 그늘이 져 앉아서 많이 휴식을 취하면서 쉬는 공간인데 만약에 그 시간에 떨어졌다면 생각하니 정신이 아찔했다.

천운이 우리 아이들과 학교를 살려주었다.

하느님이 보호하시고 우리 학교 교직원과 학생들 모두의 기가 함께 뭉쳐 그 순간을 벗어나지 않았나 생각한다.

일어나지 말아야 할 인명사고가 일어났다면 그 학생과 부모님께 그 큰 죄를 어떻게 감당할 수 있었겠는가?

정신이 아찔하다. 바로 교육장님한테 유선보고를 할까 하다가 실장님이 공문으로 보내서 시설과 담당자가 보고할 수 있도록 하는 게 좋겠다고 해서 그렇게 하라고 하였다.

2016.04.07.(목)

07시 45분에 출근하여 전 교직원들에게 농구장 옆 강당외부에 아주 위험한 화강석 낙석이 있으니 아이들에게 접근을 하지 못하도록 조회시간에 공지하라고 하였다.

아침 9시에 다시 교감선생님, 실장님과 함께 협의를 하면서 특별 안전점검을 공문으로 요청하시라고 지시를 하고 출근하면서 가보았지만 다시 한 번 더 가보았다.

행정실장님이 군산교육지원청 시설과에 연락을 해서 요청을 했는데 우리 급식실 공사를 할 때에 벽돌로 막자고 했다고 한다. 급식실 공사는 7월에나 착공할 예정인데 이것은 그렇게 오래까지 기다리면서 해결할 사안이 아니다. 지금 당장이라도 와서 확인하고 나머지 남아 있는 화강석 4개를 제거해 달라고 시설과와 상의해 주시라고 하였다.

군산교육지원청 시설과에서는 이러한 사안이 별거 아니라고 생각하는 것 같았다. 바로 처리가 안 되면 직접 도교육청 안전팀에 요청을 하여야 하겠다.

10시 23분에 그래도 마음에 걸려 다시 확인하러 가서 보고 체육부장한테 5m로 되어있는 승용차출입 제한하는 시설물을 앞에 다 가져다 놓으라고 지시하여 가져다 놓았다.

2016.04.08.(금)

아침 출근하여 어제 오후에 교육지원청에서 확인차 방문을 했는가 확인한 결과 다녀가지 않았다 해서 몹시 기분이 상했다.

심각한 상황을 느끼지 못하는 것인가?

예상하지 못한 사고였지만 우리한테도 문제는 있었다. 매월 보고하는 학교시설 안전에 대한 정기보고에서 이상이 없다는 공문을 보내 그러지 않았나 싶기도 하다.

교육장님과 통화를 하고 도교육청 안전관리팀에 직접 공문을 보내야겠다. 09시 32분 퇴직연수에 가 계시는 교육장님과 통화를 했다. 조치를 기다려 보아야겠다. 12시 24분에 군산교육지원청 시설팀 팀장과 네 분이 와서 사고 난 강당외부를 확인하고 갔다가 다시 작업을 할 당사자와 함께 다녀갔다.

내일 아니면 빠른 시일 안에 해주기로 약속하고 갔다. 이후 교육장님께서 전화가 와서 일단 다른 용도의 예산을 먼저 이쪽으로 변경해서 처리하기로 하였다고 하셨다.

2016.04.10.(일)

김정백 부장한테서 강당외벽 지금 공사 중이라고 메시지를 받았다.

2016.04.11.(월)

07시 45분 아침 출근하자마자 강당쪽으로 가서 확인을 하고 교장실에 들어와 교육장님께 어제 공사 마무리가 되어서 고맙고 감사하다고 공사 전과 공사 후의 모습을 찍어 메시지로 보내 드렸다.

학생이 만든
교장 윤준호
자서전

유년 시절

교복을 입고

나의 이십대

선생님의 길로 한 발짝 한 발짝

빛처럼 나타나 준 한 사람

교직생활

학생이 즐거운 학교

교장실에 있는데 1학년 학생 4명이 찾아왔다.

학생 : 선생님!

나 : 어서 와요. 무슨 일로 이렇게 찾아오셨나요?

학생 : 드릴 말씀이 있어요.

나 : 얘기해 보세요.

학생 : 저희가 교장선생님 자서전을 쓰려고 하는데 허락해 주시고 자료를 좀 주시면 안 될까요?

나 : 웬 자서전?

학생: 어르신들 자서전을 쓰는데 우리 팀은 교장 선생님을 선택했어요.

나 : 그래요 그럼 당연히 자료를 주어야지요.

이렇게 해서 생각지도 않았던 자서전이 만들어졌습니다. 그래서 우리 아이들이 정성껏 만든 자서전을 '못 다한 이야기'로 넣어보고자 합니다.

자서전을 남기게 해준 김효진, 안효진, 정유림, 정지향, 예쁜 학생들에게 고맙고 감사한 마음을 전하고 싶습니다.

유년시절

1955년 11월 7일 정읍시 고부면 신흥리 홍원이라는 작은 마을에서 2남 4녀 중에서 첫째로 태어났다. 할아버지, 할머니, 삼촌 4분과 고모 2분 등 대가족 3대가 함께 살면서 예쁨을 많이 받고 성장을 하였다. 먹고 살기 힘든 시절에 최선을 중요시하는 아버지와 어머니 사이에서 장남으로서의 책임감을 무겁게 느끼며 다른 형제들과 서로 아끼면서 즐겁게 생활을 하였다. 놀 것이 없는 마을에서는 5명의 형제들과 함께 자연을 장난감 삼아 친구삼아 자랐다.

국민학교 시절 나는 운동을 잘했다. 운동회를 할 때 달리기를 하면 항상 1등을 했었고 그 어린 나이에 4-5km 정도는 심부름 가는 거리였다. 2학년 때에 나보다 1년 위인 3학년의 같은 동네 쌍둥이가 있었는데 어느 날 셋이서 마음이 통했는지 우리 셋은 학교를 땡땡이 치고 논에 있는 짚더미에서 불장난도 하며 놀다가 집에 일찍 들어갔다. 하지만 일찍 들어가는 바람에 어머니, 아버지께 걸려 꾸중을 들었다. 꾸중은 들었지만 친구와 함께여서인지 그것마저 재미있었다.

3학년 때는 학교가 집 옆에 있어 늘 점심을 집에서 먹고 갔으나, 반면에 나는 도시락을 싸가는 친구들이 부러워 어머니에게 졸라 도시락을 싸가지고 갔다. 하루는 운동장 조회시간에 나 혼자서 몰래 교실에 남아 도시락을 까먹었다. 하지만 결국 그놈의

김치냄새 덕분에 나는 도시락보다 맛있는 선생님의 손맛을 맛보게 되었다. 그 뒤로 나는 김치 선생님이 너무 싫어서 다른 사람에게 절대 손찌검을 하지 않았다.

4학년 때는 사랑이란 단어도 제대로 알지 못하면서 한 소녀를 짝사랑하게 되었다. 그 소녀는 우리 반 실장이자 모범생이었다. 뛰어난 성적뿐만 아니라, 얼굴까지 예뻐 모든 남학생들의 로망이었다. 국민학교 졸업 후 내 첫사랑이 끝났지만 어른이 된 지금까지도 그 때의 떨림과 두근거림이 마음 한구석에 남아있다.

눈은 붕어눈과 같이 튀어나왔고, 코는 주먹코이고, 입술은 두툼하고, 모든 이목구비가 남들보다는 조금씩 큰 얼굴 덕분에 어딜 가나 주목을 받았고 좋은 인상을 주었다. 그래서 언제나 내 외모에 대한 긍정적인 생각을 가지고 있어서 내가 어떤 일을 하든 모두가 용서해 줄 거라는 생각 때문에 수업시간에 선생님 말

끝마다 흉내를 내었다. 선생님께서 주의를 주셨지만 계속 흉내를 내다가 12년 동안 살면서 얼굴이든 엉덩이든 장딴지든 최고로 많이 맞았던 날이 되었다.

부모님이 주신 나의 몸에는 흉터가 3군데가 있다. 첫 번째 흉터는 어렸을 때 할머니께서 보리를 베러 가시는데 따라 갔다가 잠시 할머니 친구 분들과 중간에 휴식을 하고 계시는데 그 틈을 참지 못하고 혼자 낫을 들고 보리를 베려다가 내 발 위를 찍어서 그때의 흉터가 아직도 남아있다. 두 번째 흉터는 가장 큰 일이었다. 집 안에 우물이 있는데 그 우물 옆에 깨진 항아리가 있었다. 비 오는 날 넘어지면서 왼쪽 손으로 짚으면서 손목 윗부분이 정확히 찍혀 흰 뼈가 보일 정도로 깊이 찢어졌었다. 어머니는 이런 나를 보시고 기절을 하셨다. 그러나 다행히 병원이 근처에 있어서 수술을 빨리 할 수 있었다. 하지만 나는 32바늘이나 꿰매었는데도 울지 않았다. 왜냐, 병원에 가서 울지 않으면 노랑 애기 기저귀 고무줄을 준다는 소문이 있었기 때문이었다. 그래서 고무줄이 너무 탐나서 울지 않고 32바늘이나 꿰맸지만 고무줄을 주지 않았다. 고무줄을 안 주자 나는 울면서 그 노랑 고무줄을 끝까지 달라고 해서 새총을 만들었다. 그리고 친구들에게 자랑하면서 놀았었다.

6학년 때 가장 기억에 남는 일은 시험지를 컨닝했던 일이다. 어느 날 내 좌측과 우측에 나보다 공부를 잘하는 아이가 앉아 있었다. 그 학생의 답을 컨닝을 하였는데 어이없게도 내가 전교 1등을 했다. 그래서 선생님한테서 칭찬을 엄청 받았지만 양심의 가책이 돼서 그 뒤로는 열심히 공부를 했었다. 당연히 그 뒤로는 1등을 해본 적이 없었다. 내가 너희를 위해 컨닝의 4대 요소를 알려주겠다. 첫째, 자리를 잘 잡아야 한다. 둘째, 잘 적어야 한다. 셋째, 시력이 좋아야 한다. 넷째, 시치미를 뚝! 하지만 절대 따라해서는 안된다. 이렇게 해서 재미나고 즐거웠던 초등학교 6년의 시간이 흘렀다.

교복을 입고

1968년, 나는 어엿한 중학생이 되어 교복을 입고 등교하였다. 학교는 집에서 2.5km 떨어진 고부중학교이다. 이때만 해도 중학교도 시험을 치루고 합격해야 학교를 가는 그런 시절이었다. 입학하여 친구들도 많이 사귀었고 그 친구들과는 지금도 매년 분기별로 만나고 있다.

나는 어릴 때부터 운동에 기능을 가지고 있었던 같다. 우리 학교에 핸드볼부가 있었는데 핸드볼 선수로 출전도 했었고, 언젠가 선생님들께서 학교 친목회를 하는데 체육선생님이 배구 스파이크를 하는 것을 보고 나도 체육교사가 되어야겠다는 생각을 해보았다.

그 체육선생님과 인연이 있어 내가 체육고등학교에서 근무를

하고 있을 때 그 선생님께서 교감 선생님으로 오셔서 같이 근무를 하기도 하였다.

아무것도 모르던 그 시절 우리는 친구들과 겨울이면 상의교복과 내의를 벗어 책가방 속에 넣고 웃통을 벗은 채 누가 멀리까지 참으며 달릴 수 있는가 내기를 하며, 겨울 추운바람을 가슴으로 맞으면서 달려보기도 하였다.

또한 부자였던 친구가 있었는데 그 친구는 늘 돈을 가지고 다니면서 우리한테 호떡을 많이 사주었다. 우리는 그 호떡을 얻어먹기 위해 수업이 끝나면 친했던 친구 5명이서 늘 함께하였다.

이렇게 재미있는 추억이 담겨있던 중학교 생활을 끝내고 고등학교에 입학했다. 고등학교 분위기는 중학교와 달리 점잖고, 숙연하였다. 나도 이제 공부를 열심히 해야겠다고 마음을 먹고, 더욱더 열심히 공부하였다. 이제 꿈을 정하고 꿈을 이루기 위해 노력해야 할 시기가 왔다. 나는 초등학생 때만 해도 군인이 되고 싶어 했지만 중학교 때부터 선생님이라는 직업을 갖고 싶어 했다. 그래서 선생님을 목표로 삼고 열심히 공부하기 시작했다. 처음에는 공부하는 것이 어렵고, 힘들었지만 공부하는 방법을 차근차근 알아가며 어느 누구보다 더 노력하였다.

나의 이십대

대학교에 처음 입학하여 첫 강의를 들을 때에는 내가 진짜로 어른이 되었다는 것을 느낄 수 있었다. 명절이나 조상님 기일에 할아버지 집에 가면 어르신들께서 술을 따라주시면서 성인으로 대접을 해주셨다. 그게 마냥 좋았다. 중 · 고등학교에서 수업을 하던 방식과는 판이하게 달라 재미도 있었고 즐거웠다. 1학년에 입학하여 처음에는 하숙을 하고 나중에는 친구와 함께 자취를 하였다. 대학생활을 멋있고 아름답게 장식을 해보고자 나는 공부보다는 자유스러운 행동을 많이 하고 친구들을 다양하게 사귀어 보고 싶어 친구들과 보내는 시간이 많아졌다. 아름다운 추억을 만들고자 노력하여 여행과 운동을 겸하면서 즐거운 학교생활을 하였다. 그러나 생각했던 것보다 대학교 생활은 빠르게 지나갔다.

나는 군대에 입대하여 많은 추억을 쌓았다. 대학교에서 받는 군사훈련, 즉 ROTC(학군단) 교육을 받고 대한민국 육군장교 소위로 임관하여 자대로 배치 받아 사단유격대에 근무하면서 사

단내 병사들의 유격훈련을 담당하는 교관으로 교육을 실시하였고, 1979년 10월 26일에는 박정희 전 대통령 서거와 함께 서울로 출동을 하였고, 전두환 전 대통령과 연관이 있는 12.12사태, 1980년 광주 항쟁 등 군 생활 중 역사 속에서 큰 사건을 겪으며 2년 4개월의 복무기간을 마치고 육군 중위로 제대를 하였다.

제대를 하고 발령이 바로 나지 않아서 서울에 있는 친구한테 가서 일주일씩, 집에서 며칠씩 이렇게 보내다가 1981년 3월 10일자로 발령이 났다.

선생님의 길로 한 발짝 한 발짝

선생님이 되고 나서 고창 아산중학교로 초임 발령을 받아 떨리는 마음으로 걸음을 옮겼다. 내가 생각했던 아이들의 모습은 순수하고, 깨끗하고 맑았지만 막상 학교에 가니 너무 달라 당황했다. 아이들과 나는 잘 지내기 위해 항상 웃으며 밝은 모습으로 먼저 다가갔으나 학교생활에 적응하기가 너무 힘들어서, 경찰 간부시험을 보았다. 경찰 간부시험은 역시 힘들었고, 어려웠다. 나는 쉽게 얻을 수 있는 것은 어떤 것도 없다는 것을 깨달았다. 그리고 교직이 나의 천직이라고 생각하고 나는 선생님으로서 갖추어야 할 몇 가지 목표를 설정하였다.

첫 번째로는 아이들을 기다려 주는 인내를 가져야겠다. 어떤 아이는 습득력이 빠른가 하면 또 다른 아이는 배우는 것이 조금은 느리거나 공부에 대한 의지가 부족하였다. 이런 아이들을 이끌어 나가기 위해서는 기다림은 필수 조건이었다. 그들이 공부에 대한 흥미와 바른 인식을 가지도록 기다리고 또 기다렸다. 한 발짝 한 발짝씩 아이들은 내 접근에 마음을 열어 주었고, 비로소 아이들은 학교를 배움의 장소가 아닌 사랑과 꿈의 장소로 생각하게 되었다.

두 번째로는 배려와 포용이었다. 많은 아이들을 사랑으로 보살피고 내 자식처럼 가르치는 일은 쉬운 일이 아니기에 인내와 함께 필요했던 것이 배려, 포용이었다. 나 역시 처음에는 미숙한 성인이어서 어린아이 못지 않게 이기적이었다. 하지만 아이들의 순수한 눈이 나를 정화시켜서 성숙한 마음을 가질 수 있도록 오히려 이끌어 주었다. 그 영향으로 아이들에게 배려를 가르치며 나는 포용을 얻었고, 아이들의 웃음소리는 내게 관용을 가르쳤다.

세 번째는 나를 내려놓고 학생들의 눈으로 세상을 바라보는 일이다. 이 세 번째 것이 나에게는 가장 어려운 것이자, 가장 쉬운 것이었다. 어른의 눈으로 볼 때는 세상의 부조리와 온갖 부정부패, 이윤과 이득, 목적과 수단 밖에 보이지 않았으나 모든 것을 내려두고 내가 아닌 학생을 위해 마음의 눈을 열자, 세상은 행복과 희망으로 가득 차 있었다. 이것이 내 인생의 터닝포인트가 되어 주었고 아이들이 가장 좋아하는 선생님 1순위가 되게 해준 것 같다.

빛처럼 나타나 준 한 사람

그러나 내가 이렇게 현실을 차차 깨달아 가고 있을 때 한줄기의 빛처럼 나타나 준 한 사람이 있었다. 그녀는 같은 고창 아산중학교에서 함께 근무하던 국어선생님이었다. 함께 달콤한 연애를 하다가 마침내 평생의 동반을 약속하게 되었다. 결혼을 하니 나의 인생은 더욱더 행복하고 밝아졌다.

몇 년 후 나는 두 명의 공주를 갖게 되었다. 첫째 딸의 이름은 윤나리이고, 둘째 딸의 이름은 윤나라이다. 두 딸은 항상 윤이 나고 또 윤이 나서, 내 눈에 넣어도 아프지 않아 나리, 나라로 이름지었다. 언제나 딸들을 무엇보다도 배려와 자율을 가장 중요시하게 가르쳤다. 그 영향인지 딸들은 진정으로 자신이 원하는 꿈을 찾아갔다.

지금 현재, 첫째는 제주항공 스튜어디스가 되었고, 둘째는 서울 강남구청보건소에서 상담영양사로 근무하고 있다. 둘 다 원하는 직업을 가져서 그런지 언제나 대견스럽다.

교직생활

신혼이 갓 지난 1984년, 나는 고창 공음중학교로 발령을 받았다. 두 번째 발령이라 그런지 학교 분위기에 익숙함을 느꼈다. 나는 먼저 다가가기 위해 노력, 또 노력하였고, 내 마음이 전달되었는지 아이들도 내 말에 귀 기울여 주었다. 잠시만의 행복을 뒤로한 채, 나는 곧 학교를 떠나야 했다.

그 다음으로 발령 받은 곳은 전북체육고등학교였다. 워낙 어릴 때부터 운동을 좋아했던 나인지라 아이들과 함께 운동하는 기쁨을 나누고 싶었다. 체육고등학교이다 보니 아이들은 누구보다 즐거워했고 활발히 따라줬다. 6년 후 1995년 진안 진성중학교로 발령을 받았는데 아이들이 해맑고 활발했다.

다음으로는 진안여자중학교로 발령이 났다. 이번에는 여자들밖에 없어서인지 아이들이 엄청 좋아해 줬다. 그리고 가장 기뻤던 일은 정읍교육지원청 장학사로 선발됐다는 것이다. 나는 힘들고 어려웠던 일에 대한 보상을 받는다는 생각에 좋아서 어쩔 줄 몰라 했다. 이 상을 받고 나서 나는 앞으로도 더더욱 열심히 노력해야겠다고 결심했다.

나는 마침내 가장 행복하고 즐거운 학교인 군산 진포중학교

교장으로 발령을 받았다. 진포중학교는 내가 가본 학교 중에서 분위기가 가장 좋다고 생각했다. 왜냐하면, 친구들끼리 배려도 많이 해주고, 인사성도 밝았기 때문이다.

학생이 즐거운 학교

30년 동안 교육을 해왔던 나의 교육 철학은 학생이 행복하고 즐거워하는, 학생이 가고 싶어 하는 학교를 만들어 주는 것이다. 1달에 한 번 이벤트를 열어 친구들과의 친목을 다질 기회를 제공해 주고, 가끔씩 사복 Day를 만들어 교복에 대한 스트레스에서 벗어날 수 있도록 해주고, 시종시간도 학생들이 좋아하는 대중가요로 바꾸어 주어 신나게 수업을 할 수 있도록 해주고, 체육대회에서 좋은 성과를 거두지 못한 학급을 위해 메이저리그와 마이너리그로 나누어 2번째 체육대회에서는 상금과 상장을 실력별로 균등히 분배하려 노력하고 있다.

나는 앞으로도 어느 학교에 발령이 나도 아이들에게 다가가려고 노력하고, 학생들이 학교에 가면 언제나 즐겁고 행복한 학교가 될 수 있도록 만들어 주는 것이 나의 목표이다.

인터뷰 · 글: 김효진, 안효진, 정유림, 정지향

네가 있어
내가 있다

인쇄 2018년 2월 15일
발행 2018년 2월 21일

지은이 | 윤준호
발행인 | 서정환
발행처 | 신아출판사

주 소 | 전북 전주시 완산구 공북1길 16(태평동 251-30)
전 화 | 063-275-4000 팩스 063-274-3131
출판등록 | 제465-1984-000004호
제작 | 신아출판사
이메일 | sina321@hanmail.net / essay321@hanmail.net

ISBN 979-11-5605-509-9 03810
값 15,000원

「이 도서의 국립중앙도서관 출판예정도서목록(CIP)은 서지정보유통지원시스템 홈페이지(http://seoji.nl.go.kr)와 국가자료공동목록시스템(http://www.nl.go.kr/kolisnet)에서 이용하실 수 있습니다.(CIP제어번호:CIP2018005145)」

Printed in KOREA